看不見的
更關鍵

如何打通工作與生命的任督二脈

孔毅 Roger I. Kung —— 著

U0008446

Content

PART 1 在工作中認識自己

〈推薦序〉
贏在拐點的教戰手冊

李知昂

　　從孔老師最早在新竹的廣播專訪、一日課程，到「贏在扭轉力」、「第一與唯一」、「雙職事奉」連續三個系列的線上課，我有幸參與其中，對孔老師「贏在拐點」的觀念日益熟悉。身為竹科的媒體人，在台灣的科技前沿，更感覺到技術迅速進步對人們工作與生活的衝擊之大。學習迎戰拐點，的確是面對變化莫測時代的一大利器！

　　我既有機會向孔老師請益，甚至一對一對談，收穫實在難以窮舉。舉例來說，當我尋求個人企劃能力成長之方，孔老師卻要我盤點團隊有誰？助我突破慣於單兵作戰的迷思。當我們團隊群策群力，做出了一項反應不錯的音頻產品，卻因為某個市場盜版猖獗，有人建議我們暫緩投入，我的心情不太好，覺得為何世上「德力」難尋？孔老師卻提醒，這個建議我的人是有德力的，否則他大可請我方提供資料與素材，然後搞失蹤，再去盜版即可！

　　在許多的案例當中，我都看見孔老師一針見血指出關鍵。但我心裡明白，孔老師想做的事情更加深刻，不僅讓我們帶著問題去找他，得到大師解答，他更想傳授一套有系統的方法，讓我們可以真正學到「迎戰拐點，贏在拐點」的本事。而這套實戰手冊，我在本書中看到了！

　　如果《贏在扭轉力》給了我們扭轉五力的教科書，使我們內力深厚；本書就是融合孔老師實戰經驗，將扭轉五力一一對應職場實際問題的教戰手冊，讓我們更明白五力「怎麼用」？同時透過人生目的、真實身份的思考，也再一次引領我們，向神尋求自身的《第一與唯一》。

　　尤其是「獨立思考該怎麼做？聽內在聲音怎麼知道對不對呢？」我相信這兩題是上過孔老師課程的朋友當中，最好奇大哉問的兩個熱門題目，孔老師在本書裡也寫下了具體的操練方法。以獨立思考這一章為例，可說是職場的實戰要義，更被應用在一個極其明確的職場案例。從中你將發現，這一切並不深奧難明！

　　祝福大家，都能贏在職場拐點，蒸蒸日上；更贏在生命拐點，人生真正有意義，好的無比！

（本文作者為 IC 之音竹科廣播創意總監，曾獲卓越新聞獎深度報導獎、三座廣播金鐘獎、倪匡科幻獎小說組並列首獎、第三波奇幻文學獎首獎）

〈推薦序〉

每一天的開始，回到內心深處

周巽正

　　後疫情時代可說是全球性的拐點時刻，孔毅老師之前的《贏在扭轉力》還有《第一與唯一》，正是為了此時此刻！在新的這本書裡，孔老師把扭轉五力：魄力、眼力、魅力、動力、德力，應用在後疫情時代專業工作者、經理人、領導者所面臨的真實挑戰中。

　　接任台北靈糧堂主任牧師不到四個月，所有實體聚會因疫情嚴峻必須立刻終止，所有活動立即線上化，教會進入空前的不確定與未知當中。

　　在此一拐點時刻，教會仍能在不確定中持續前行實在是神的恩典！這一年中神所成就的突破與改變，超過我可以想像的！

　　除了神的帶領，還有一樣對我幫助很深的秘訣，正是孔老師與我一對一的對談中教導我的，那就是如何在每一天的開始，回到內心深處的寧靜時刻。那是一種操練，練習在所做的每一件事上，跟神的智慧與神的心意對齊。在本書中，孔老師詳盡地把這在動盪中，仍然能聽見內心聲音的秘訣傾囊相授！你一定也會深受影響，得著幫助！

（本文作者為台北靈糧堂主任牧師）

〈推薦序〉

一支掃把的故事

柏有成

說到掃把，我們腦海中出現什麼樣的畫面？居家生活的清潔工具？哈利波特的運動器材？還是教訓小狗的洩憤武器？

一支掃把的功用發揮，取決於它握在誰的手裡。一支掃把在我的手中，充其量是用來應付我們家總管夫人的指示，敷衍了事地將灰塵掃到我們家客廳地毯的下面。

然而，在孔毅老師的手中，掃把卻成為打遍天下無敵手的秘密武器，他事業起點的敲門磚。為什麼結果有如此大的差異？這就是孔毅老師在這本書中所要闡述的論點：贏在拐點的換位思考。

在這本書中，孔毅老師以真誠的筆觸，將 40 年大起大落的職業生涯和刻骨銘心的生命經歷，質樸而率真地鋪陳在讀者面前，毫不避諱地娓娓道來。這本書是長者的督促，智者的箴言，師者的教誨，在基督信仰和工作之間搭建橋樑，提供歷久彌新的準則與周詳可行的實踐之道。

在過去數年，我有幸蒙孔毅老師陪伴，也聆聽他生命的故事來激勵我。如今承蒙孔毅老師邀請，為這本書作序，我讀完全書之後受益匪淺，於是甘冒野人獻曝之譏，分享我的感想。

志業（vocation）與職業（occupation）

本書第八章探討「真實身份」，孔毅老師重新闡揚了「呼召」的觀念，將信仰與工作整合。「呼召」的拉丁文字根是 *vox*，意思是「聲音」；由 *vox* 衍生出一個字 *vocare*，是指「發出聲音的呼喚」；由 *vocare* 又衍生為 *vocatio*，是指「法庭的召喚」（summons），是英文 vocation 的字根，中文翻譯成「職業」。

因此，我們的職業是一種呼召。這個觀念建立在一個前提，就是有「呼召者」才有「呼召」，有呼召還需要有聆聽、領受、回應呼召的人。這位「呼召者」要人去從事一份工作，為「呼召者」完成所頒佈的使命。誰是這位「呼召者」？祂就是基督信仰所信奉的聖潔的神。

英國基督徒作家與思想家奧斯・吉尼斯（Os Guinness），在《一生的聖召》這本書中，對呼召賦予了一個真知灼見的定義。他說：「呼召就是神毅然決然地呼喚我們就近他，以至於我們的全人，我們所做的每一件事，以及我們擁有的一切，都投資在一種特殊的忠誠及活力裡面，活出來回應他的呼喚與事奉。」誠哉斯言。所以 vocation 也可以稱為是「聖召」或是「天職」。因為，需要立志專心跟隨神，全心全力地投入去完成呼召的使命，這是一項具有永恆意義的事業，所以，我就將 vocation 翻譯成「志業」，以有別於「職業」。

路德會的傳統認為，人在工作的時候，就成為了「上帝的手指」，可以用來愛我們的鄰舍。因此，如同孔毅老師反覆強調「工作是神聖的，而不是世俗的」；這就是《雙職事奉》的

理念基礎。

可惜 vocation 這個字的豐富涵義已經被簡化成「混口飯吃」的代名詞。現代人認為職業只不過是用來養家糊口的途徑。這讓我聯想到「職業」在英文的另一個字 occupation，它的動詞是 occupy，可以翻譯成「占據、占領」。占據什麼？占據位置。我們在公司卡位，我們成了一個一個的蘿蔔，卡在蘿蔔坑中。樂觀的想法是捧一個鐵飯碗，悲觀的態度是領一份死薪水，等著退休。工作好比一根食之無味棄之可惜的雞肋，沒有熱情，沒有衝勁，沒有異象。

有一張圖片將這種現代人的無奈描繪地淋漓盡致。畫面是一個可愛的嬰孩，張著小嘴，閉著雙眼懶洋洋地打著呵欠。海報上有一段文字寫道："ONLY 22,463 DAYS UNTIL RETIREMENT." 換算成年月數目等於再等 61 年 5 個月（包含 15 個閏年）就可以退休了！難道這就是我們動彈不得的蘿蔔人生嗎？當然不是！

第一與唯一

第二章探討「關鍵時刻」，孔毅老師提醒我們：沒有人願意活得庸庸碌碌而終老一生。美國總統威爾遜說過：「人因夢想而偉大。」2014 年的電影〈逐夢大道〉（Selma），劇情是描寫馬丁路德金在 1965 年領導的民權運動，電影宣傳海報有一個激勵人心的口號："ONE DREAM CAN CHANGE THE WORLD"。我們都有夢想，我們夢想改變世界，可是真實的情況是，這個世界在改變我們。這個世界把夢想包裝成一個一個規格化的「罐頭」：它的內容物是好成績、好學校、好專

業、好公司、好收入、好生活。這個世界的價值觀向我們宣導，只要尋求並且打開這些「罐頭」，就可以擁有一個成功人生。

於是，我們一生的努力就是打開這些「罐頭」，將內容物倒進我們人生的容器。可是一個「罐頭」接著一個「罐頭」，卻發覺這些內容無法滿足心中最深層而終極的渴望。翻開《聖經》的〈傳道書〉，引發我思考所羅門王開過的「罐頭」是不是可以榮登金氏世界記錄大全？

1988 年台灣流行一首廣告歌曲「我的未來不是夢」，風靡了大街小巷。當時年少的我也深信不疑我的未來不是夢，於是1989 年我就哼著這首歌，飄洋過海來到美國逐夢、築夢。隨著年紀漸長，夜闌人靜思考，我發現這種流水綫式的單向度人生夢想，真的一點都不偉大。難道我的未來「只」是夢？問題出在哪裡？

在第七章「人生目的」提供了答案。孔毅老師以換位思考的方式，一針見血指出了「第一」與「唯一」的區別。追求「第一」是在做別人的夢，打開的是別人的「罐頭」；追求「唯一」才是一個回應神呼召的人生，因為神對每一個人的呼召都是量身訂做的。

〈以弗所書〉2 章 10 節：「我們原是他的工作，為要我們行善。」經文中「工作」這個字的希臘原文是英文 poem 的字根，意表我們是神嘔心瀝血、登峰造極的精心傑作，每一份作品都是匠心獨具的，一種前無古人、後無來者的「唯一」。

因此，沒有一個人蒙召的經歷是與另外一個人完全一樣的，它是無法複製的。每個人都有他們經歷神，遇見神的特殊

時刻，孔毅老師將它稱之為「定義時刻」。於是，我想到《舊約聖經》中，摩西與以利亞、雅各與約書亞、約伯與以賽亞，他們都有截然不同的經歷；《新約聖經》中，保羅與彼得跟隨主的經歷也有天壤之別。

速率與速度

雖然在第一章孔毅老師指出 2019 年爆發的新型冠狀病毒肺炎疫情是這個時代的加速器，一切都在快速的轉變，叫人應接不暇；一個接著一個的彎道，需要時時調整方向，不斷地加油門向前運動。可是第十章「靜的力量」孔毅老師以車子比喻人生，像是踩了剎車，提醒我們要能動極思靜，要能聆聽聖靈微小的聲音。可是，這個世界追捧成功、成就、成果的聲浪，催逼著我們不停地跑。速率與速度的區別，就是速度是速率加上方向。

諷刺的是，我們這群坐擁科技、配備齊全的現代人，卻驚恐萬分地在駕駛座上茫然四顧，不知該把生命的列車開往何方。結果如同「南轅北轍」的典故，我們可以跑的很快，卻抵達錯誤的目的地。

台灣的天韻合唱團 1992 年推出一首詩歌「給懷疑的你」，其中有一段歌詞：「你從哪裡來？要往哪裡去？朋友，朋友停一下流浪的腳。」讓我們真心採納孔毅老師的建言，停下腳步，反省自己跑向什麼方向，同時為什麼要跑？

榮獲 1981 年奧斯卡金像獎最佳影片的電影「火戰車」（Chariots of Fire），敘述 1924 年英國運動員在巴黎奧運參賽的故事。百米徑賽金牌得主哈羅德・亞伯拉罕斯（Harold

Abrahams）的一段話，鮮活地刻畫出尋求自我實現的渴望：
「我抬起眼睛凝視著前方 4 尺寬的跑道，我將用那僅有的 10 秒
鐘來證明我的存在……但是我能夠嗎？」這個世界表象的價值
觀點是以成功為導向，可是狂野的心如脫韁的馬，很難憑著自
己意志力的韁繩來駕馭馴服的，於是，在這個荊棘滿佈的世
界，人就無情地被拖得遍體鱗傷。Mary Bell（企業界高級主管
諮詢顧問）說過：「成就是我們今天這個時代的酒精。當今最
傑出的人不會濫用酒精，但是他們濫用自己的生命。」如同孔
毅老師在自序中所說的：「有異象則生，無異象則亡。」

　　圖 10.2 給我極大的幫助，它說明一個不斷改變的生命是
越來越認識自己的罪，而越來越明白需要神的恩典。經由孔毅
老師的啟發，我回顧自己的成長背景，過去的專業訓練，接觸
的人、事、物，明白神在永恆的旨意中創造了我，引導我前
往祂為我量好的佳美之地，成為祂的兒女，持守這個榮耀的
身份，同時向這個世俗世界宣講耶穌基督的福音。當我以恩
典的福音為中心來理解工作，將工作轉變為呼召：工作不再是
自我實現的途徑，而是成為耶穌基督恩典福音流通的管道，
將活潑的盼望與全然的更新注入在這個破碎的世界。於是，
工作成為敬拜，職場成為禾場，我們每一位都是 CEO（Chief
Evangelization Officer）。

　　神也為你量身訂製了一支掃把，你會如何去使用呢？孔
毅老師為我們提供了值得效法的典範與榜樣。

（本文作者為美國基督使者協會會長）

〈推薦序〉

在變動中，擁抱新常態

柳子駿

　　如果說 2020 年是「COVID 元年」，這幾年我們真的有種改朝換代的感覺，整個人類歷史也進入了一個新的年代，這個影響是巨大的、深遠的、各層面的，這些改變也是快速和不可逆的。就像是我那個五歲的小孩，早已習慣在電腦前上英文課，以及帶著口罩也可以在公園玩到流汗。

　　但早在 b.C.5（before COVID，也就是 2015 年）孔毅老師早就提到「贏在扭轉力」，真正地超前部署讓我們在生活、企業、教會，甚至小至家庭中，學到不用直觀來看待目前的挑戰和困境，而是用一種超然的角度去看待拐點為超前的契機，看待疫情為上天給我們加速突破的助力。

　　我想，這就是為什麼孔老師的教導這麼吸引人，因為總是給讀者墊了一塊更高的石頭，讓我們看出遠方五年、十年後，我們可以預先準備的智慧和安定力量。

　　就在我寫這篇推薦序的這幾天，最大的新聞就是全球臉書改名為「META」。接到這個消息對全球各地都宣告進入到另一個紀元，有人可能覺得「那是什麼」？或許也有人疑問「接下來世界會發生什麼」？但也應該有人已經蓄勢待發地要進入這個全新的世代，並且搶得先機。

　　我想要祝福讀這本書的您，當我們透過閱讀孔老師經驗中

的智慧之言，能夠像我孩子一樣，想都沒想地帶起口罩衝出門，沒有任何不適應地擁抱新常態成為常態。

（本文作者為台北復興堂主任牧師）

〈推薦序〉

不僅要「做對事」，更要成為「對的人」

陳逸文

　　將近 9 年前，我與妻子還有幾位同工一起開拓淡水靈糧福音中心，從 40 多位大專生的團隊成長到近兩百人的教會；在職場中，也逐漸從專案的管理者成為團隊的領導者。雖然已經累積了很多成功的經驗，也被許多人認可，然而我自己心裡也總是充滿了不確定感，在一些團隊、家庭、個人的關鍵決策時刻，甚至不知該如何選擇。

　　同時，不論是在教會牧養弟兄姊妹，或是在職場與員工進行面談的過程中，我也經常感覺到夥伴們對於系統性解決問題能力的不足，同時對於人生也是充滿徬徨。

　　我深深相信愛我們的上帝會引導我們正確的路，但同一時間祂也期待祂的兒女可以長大成熟，可以得著聰明和智慧、習練得通達，不是讓我們倚靠聰明，而是讓我們可以在過程中更認識祂，與祂同行。

　　「一對一門徒訓練」是其中一個我認為最可以學習智慧的方式。一位生命成熟、充滿見識的長輩（不一定指年紀），將自己的生命經歷、與神一起冒險的故事分享給年輕的一輩，在他生命困難的抉擇中，陪伴他、問他關鍵的問題，引導他回到自己內心、在那個上帝與我們對話的隱密處，找到答案。

　　許多企業的領袖有非常好的工作能力和領導才能，但卻無

法將自己的能力傳授給下一位領導者。孔毅老師是我認識的長輩中，最能夠將自己的生命原則、領導心法透過言語和文字傳授出來的一位領袖！他將職場和信仰的洞見融會貫通，鼓勵每一位信徒都能「成為對的人」，而不僅僅只是「做對的事」，不再區分教會「牆內」與「牆外」的服事，而是做每一件事情「都是為主做的」。

　　孔老師不僅無私地分享自己在職場中的高山低谷和掙扎，分享許多他輔導與陪伴人的案例，讓我們能夠更深刻理解老師的教導。我很榮幸能有幾次與老師一對一的時間，短短一個小時的「聊天」過程，卻解開自己內心的糾結和盲點，孔老師的許多建議不像人們對於傳統基督徒只講愛心和包容的刻板印象。他會分享公義、誠實、真理的原則，然後才分享如何用愛與包容來執行。

　　我衷心推薦每一位職場新鮮人都能讀這本書，你會發現自己多了很多生命的智慧，少走很多冤枉路；我也推薦領袖們能讀這本書，你會發現不只自己也得著幫助，同時可以用來幫助團隊的夥伴！我想每一位閱讀此書的讀者都會跟我一樣，讀著讀著就忍不住拍自己的大腿喊道：「真希望我早點知道！」

（本文作者為威盛教育事業部產品總監、
淡水靈糧福音中心區牧）

〈推薦序〉

真正重要與恆久的是「內在的力量」

廖文華

生命中有三個恆久不變的：改變、選擇和原則。
　　　　　　　　——柯維（Stephen Covey），管理學大師

關於風格，順應潮流；關於原則，堅若磐石。
　　　　　　　　——傑弗遜（Thomas Jefferson），
　　　　　　　　美國第三任總統，「獨立宣言」起草人

　　COVID-19 對人類社會帶來極大衝擊，無論商業、教育，或我們工作和旅行的方式都產生巨變。氣候變遷更加速產業的變革與轉型。還有 AI、Metaverse 等新科技的產生，將來的變化更是難以想像。麥肯錫全球研究院令人震驚地預估：到 2030 年會有 8 億個工作機會消失。然而，在變幻莫測、詭譎難料的未來，恆久不變的原則仍會帶領我們安度風暴、脫穎而出。

　　孔老師與我們分享的正是雋永的原則，無論是扭轉五力、贏在拐點（而非僅贏在起點）、找到唯一（而非僅成為第一）、定義時刻、獨立思考、靜的力量，這些老師經典的洞見在這本書中交融，從產業到工作，從工作到生活，從生活到內在，由外而內，我們的生命都可以經歷這些恆久的原則帶來的祝福和

力量。無論我們是專業工作者、經理人或企業、政府或非營利
組織的領導者，都能運用這些原則。

我想到舉世聞名的管理學大師，在影響企業和政府後，
關切的往往是人內在最深層的需要；柯維如是；著有《基業
長青》、《從 A 到 A⁺》的柯林斯（Jim Collins）亦如是；被譽
為「現代管理學之父」的杜拉克（Peter Drucker）如是；提
出《創新的兩難》、《破壞式創新》的克里斯汀生（Clayton
Christensen）亦如是。

克里斯汀生長年在哈佛大學商學院教授「如何建立成功的
長青企業」這門課。到了每學期最後一堂課，他總在黑板上寫
下三個簡單問題，鼓勵學生從思考企業的成功，轉向思考組織
的最小單位──「個人」的發展：

(1) 如何和家人朋友常保幸福？

(2) 如何樂在工作？

(3) 如何堅守原則，保持正直的一生？

杜拉克說：「很少人好好想過企業的目的和使命，這或許
是企業遭受挫折和失敗最重要的原因。」而人生也是如此。

孔老師與這些管理學大師一樣，正在帶著我們思想，從
「企業如何成功？」到「個人如何成功？」，從「如何成功？」
到「如何界定我們生命的成功？」正如《大學》裡所說：「物
格而後知至，知至而後意誠，意誠而後心正，心正而後身修，
身修而後家齊，家齊而後國治，國治而後天下平。」真正重要
與恆久的從來不是技巧或方法，而是內在的力量。內在的力量
會帶來外在的治國、平天下。

身為一個基督徒，我發現孔老師從畢生經驗與智慧所淬煉

出的原則，與《聖經》如此契合，無論外在環境如何變化，能夠克服困難、成就一切的秘訣是靠著加給我們力量的基督。

〈腓立比書〉4章12-13節（聖經當代譯本）:「我知道如何過貧窮的日子，也知道如何過富足的日子。我學到了秘訣，不論飽足或饑餓，豐裕或缺乏，在任何情況下都可以處之泰然。靠著賜我力量的那位，我凡事都能做。」無論前面的道路多不清楚、我們從未走過，但是緊跟著神就會有路，而且是一條又新又活的道路。

又如〈約書亞記〉3章3-4節（聖經當代譯本）所言:「你們看見做祭司的利未人抬著你們上帝耶和華的約櫃出發時，就要起身跟在後面。這樣，你們就會知道路，因為你們從來沒有走過這條路。……」這是一本經典雋永之作，帶領我們從內在安定的力量走向外在更大的成功。

（本文作者為台北真道教會主任牧師、
夢想之家教育基金會創辦人暨董事長）

〈推薦序〉
這是每一位想要改變與更新的人，必讀的書
謝光哲

　　孔毅老師是我非常敬重的老師。在一次的對話中，他問了我最近機構的現況如何？我的回應是：「目前還是非常地挑戰，因為整個大環境對出版業來說是艱辛困難的，不過因為政府在推動 2030 年雙語政策，對我們來說會是一個很好的機會。」但孔毅老師的回應卻讓我非常地驚訝，他說：「光哲，我的看法是，到 2030 年對你們來說反而應該要注意的是『如何差異化』，因為到那個時候競爭對手會更多，你們原本擁有的獨特性會更少。」這句話誠如暮鼓晨鐘，從他的超理性思考，顛覆了我的理性思考。

　　在這本書裡面，孔老師坦然面對自己的成功與失敗經驗，而這些親身經歷，正是老師多年來操練獨立思考的體現：訓練左腦謹慎思考與右腦換位思考的轉化。書中的內容正是我現在最需要多加練習的。特別是在關鍵時刻，如何回到內心深處在危機中看見轉機，可以彎道超車，而不是彎道翻車。

　　華人教育常常是宣導「贏在起點」的慣性思維，這是「憑眼見、靠理性」，但帶出來的結果，卻可能扼殺了神給這個人的恩賜與創意，以致庸碌一生。相反地，若能從小訓練超理性信念，就可以「進內心、見願景」，在關鍵時刻贏在拐點，活出與眾不同的生命。

　　我們常聽到「眼見不為實」這句話，卻又常被「眼見」挾制，這是因為我們的慣性思維從現實面的「what」出發，思考精神面的「how」來回應，而忽略了內心生命面的「why」。孔老師這本書可以幫助我們反其道而行，從生命面的「why」探討內心的自我，並從精神面的「how」突破自我，最後在現實面清楚明白「what」的結果。藉由不斷操練超理性信念，可以幫助我們勇於突破、贏在拐點！

　　我從孔老師這本書中看到自己的缺乏與改變的契機，誠摯推薦這本書給所有想要有所改變與更新的每一位！

　　　　　　　　　　　　　　（本文作者為救世傳播協會會長）

〈自序〉

表象與異象

　　不論再努力，許多人工作仍遇到瓶頸，生命還陷入低谷。再多的變革，許多企業仍停滯不前，組織形成內捲，若你對以上的敘述感同深受，本書希望幫助你以另外一種不同的觀點及做法解決你目前的困境。

　　身處在網路無所不在的時代，無論你想要或不想要，感官每天都在接受不同的刺激。但比起外在這些看得見的物質世界，其實，「看不見的內心世界更關鍵」！

　　《聖經》〈箴言書〉29章18節說：「沒有『異象』，民就放肆……」，看不見的異象，就是神默示在我們內心的使命；放肆指的是自取滅亡。用白話來說，就是「**一個人若不懂得跟隨內心聲音的指引，即使人是活著的，但生命的本質已是趨向滅亡**」。

　　組織的運作也是一樣。若是一個組織或一家企業沒有明確的願景（看不見的），在市場的競爭汰換之下，最終也將走向衰敗；即使公司還能硬撐著，也會因為缺乏成長動能逐漸走向「內捲化」的命運（詳見第6章）。

　　當我們選擇回應呼召，在領受異象的過程中，等著我們的也不會是天上掉下來的好運，而會是一連串的「身心重訓」——在願意接受生命本質改變的過程中（看不見的）激發潛能，以學會解決困境的本事（看得見的）。如同孟子的至理名

言：「天將降大任於斯人也，必先苦其心志、勞其筋骨、餓其體膚、空乏其身，行拂亂其所為，所以動心忍性，增益其所不能。」孟子也提醒「生於憂患、死於安樂」，因此無論是個人或組織，亦是遵行「有患難則生，無患難則亡」的不易真理。

但如同大部分的人們和組織，遇到困難時，因為害怕，不知不覺中選擇繞道而行而不自知，又或迎向挑戰，但礙於大腦的慣性使然，即使再努力，仍是在原地停滯不前。

沒有人或組織希望自取滅亡的，但是為什麼有些人和組織最後卻走上「下行之路」？除了畏難，還有個更重要且核心的原因是：多數的人們和組織是跟著「看得見的表象」（外在世界）在做選擇，只有極少數人是追尋「看不見的異象」（內在信念）在做抉擇的。

我們的一生都會遇到一個個的系統「求學系統」、「工作系統」、「人生系統」、「信仰系統」等等，若我們只是「憑眼見、靠感覺」來迎接這些「表象」中的系統，而且以「理所當然」的心態去討好各系統，系統有如具有極強框架的生產線，大量製造出通才，以及一般大眾化的產品。所以活在表象中的人生，是永遠在別人設計好的夢裡過日子，所以一點都不精彩。只有少數的人，在一些緊要關頭的時刻，能選擇聽懂內心看不見「異象」的指引，有勇氣地跳脫出表象中系統的限制，如此方能在接受神的「因材施教」中活出神國中的夢想，以及與眾不同的一生。

選擇決定命運，選擇決定人生。**這本書希望傳達的核心主旨，也就是「思考你的選擇」，進而以自身的經驗，提供「如何思考」的各種工具。**

自然律 vs 信念律

為什麼不是人人都可以領受到「異象」？原因是，絕大多數人是只活在「自然律」之下，但唯有擺脫自然律的限制，進入到「信念律」的境界，方能領會到神早在創造你之初，就已經安放在內心的異象。

先來解釋一下何謂「自然律」和「信念律」？

宇宙的規律其實有兩大類，我們看到的自然世界屬於次要原因（secondary cause），而看不見的靈界才是主要原因（primary cause），主要原因是原本就存在的，是不可複製的，而且是絕對的，人類對於主要原因，只能夠知其然而不知其所以然，所以只能藉信念來體認，這就是「真理」屬於靈命世界，而神本身就是主要原因。

次要原因，來自於主要原因，是主要原因創造出來的自然世界及其規律，次要原因是相對的，所以人類可以發現、可解釋清楚，並可複製其成果，這是「定律」。譬如說，牛頓只能解釋在次要原因中的三大定律 what happened，卻沒有辦法解釋 why it happened，而 why 就是主要原因，所以主要原因是因（異象），次要原因是果（表象），兩者的對比陳示在書上的圖 0.1。

神的創造，是從主要原因中，做從「無」到「有」的原創；人類的複製，是在次要原因裡面，做從「有」到「優」的微創。所以靈裡（主要原因）的事我們人是說不清楚的，只能意會（信念）而難以言傳（證明），就像《聖經》所言：「隱秘的事是屬耶和華我們神的。惟有明顯的事是永遠屬我們和我們

圖 0.1 神的創造與人的複製

神的創造（主要原因）： 從無到有	
Ⅱ. 次要原因（果－表象） （secondary causes）	Ⅰ. 主要原因（因－異象） （primary causes）
1. 發生什麼（what）──科學	1. 為何發生（why）──信仰
2. 物質世界（physical）──宇宙	2. 靈命世界（spiritual）──靈界
3. 看得見（visible）──生活	3. 看不見（invisible）──生命
4. 規律而清楚──可以複製	4. 無規律、不清楚──不可能複製
5. 理性、定律──世界觀	5. 超理性、真理──國度觀
6. 可以被證明──是受造物	6. 只能堅信──對象是創造者
7. 必朽──相對、暫時、有限	7. 不朽──絕對、永恆、無限
8. 人的魂、體（外）──受制於時、空	8. 人的靈（內）──超越時、空
人的複製（次要原因）： 從有到優	

子孫的，好叫我們遵行這律法上的一切話。」（申 29:29）

我們生活的自然界是有規律的，也就是「自然律」。透過「**現實面**」的感官接收，我們得以體驗它，同時也可以用「**精神面**」的智性思考，加以理解、學習並且證明它。這規律是人們看得見、摸得著宇宙運行的機械體系。

實際上，宇宙的運作遠比我們想像中更有規律，甚至有判斷力和意志力。宇宙是有主見、也是善的，這看不見、摸不著的規律，我稱之為「信念律」，只有少數人在擺脫自然律限制的現實面和精神面，進入到非物質世界的「生命面」時方能領悟到；也就是「領受到異象」。

那些得以從自然律進入信念律的人，通常是因為在面臨特殊挑戰時，非但沒有選擇逃避，而且在努力克服困難的過程中，能夠清楚分辨並跳脫出固有價值觀及慣性思維的掌控，勇敢地跟隨內心聲音的指引，不斷深入反思自己「為何而活」？

　　這個問題的答案，就是我們的「生命定位是什麼」（信念），因而能在必要時超越自我利益、換位思考，為他人付出並做出犧牲，因此能一步步領受到比過往生命所見到更真實、更偉大、更美好的願景，同時也將自己塑造成一個更合神心意的人。

　　不過，領受異象是一回事，「實踐異象」則是另外一回事，先前提過孟子說的「天將降大任於斯人也……增益其所不能」，就是最好的寫照！

　　幸而，在堅信內心的信念並與之互動中，能激發源源不斷的潛意識能力，所以，即使在最不利的處境、最少的資源、最不好的運氣中，亦能夠一次次過關斬將，甚至一舉翻盤逆轉勝。也就是說，**當一個人能改變其做事、做決定的專注點，從慣性的「從外到內」轉變成「由內至外」，並堅信源自內心的崇高信念及擁有為之焚身的熱誠時，全宇宙都會為其開路。**

　　神（主要原因）是無限的，物質世界（次要原因）則是有限的，有如冰山露出的那一角。在神豐盛的創造中，靈命界還蘊藏數不盡的潛在資源及能量（如同隱藏在水面之下），只有在對的時間、對的地點、對的人、對的方法，方能將這些潛在能量激發在物質世界，幫助我們在榮神益人的信念中，推動神的旨意。

　　若用「質能互換」的觀念就不難理解。大部分的世人習慣以「憑眼見和靠感覺」的思維行事為人，當大家都在爭奪物質世界中的有限資源，至終結果就是陷入紅海中的「你輸我贏，你死我活」，這些都是「零和遊戲」，一點都不精彩，而且贏家通常難以持久。

面對挑戰時，唯有超越「體與魂」的層次，進入生命面（靈）的探問（也就是與神蘊藏在靈命世界中的潛在能量接軌），並跟隨其指引，方能引發連鎖反應，由個人靈命面的「質變」，帶動現實面物質世界的「量變」。

對基督徒來說，上述「神蹟」的概念是容易理解的，因為我們堅信神是宇宙所有規律的主宰者，宇宙是神創造的；當神命定我們去實踐使命時，同樣會先磨練我們的心志，幫助我們成為合適的器皿，爾後再亦步亦趨地為我們開路。

至於如何找到異象？〈以弗所書〉2 章 10 節說到：「我們原是他的工作，在基督耶穌裡造成的，為要叫我們行善，就是神所預備叫我們行的。」

這裡很清楚啟示神放在每個人內心的異象有三大重點內涵：第一個重點是，**這異象在我們出生前就定下來了**。在以上經文中的「就是神所預備叫我們行的」，是指當人的靈被神創造出來時，他的人生目的（purpose）及真實身份（identity）就已經定下來了，雖然你的身體還沒有經過父母生下來，神已經幫你把人生計畫做好了，這就是我所說「人的命定是什麼？」命裡註定就是指由神來定的。

第二個重點是，**「如何找到自己的命定」**。這是經文中的「在基督耶穌裡造成的」，既然是神所定的，所以你到世界上做什麼，都必須從跟神的互動中來得到。

第三個重點是，**你的人生的目的不是孤立的，也不是為自己的**，而是融合在神所定的永恆計畫裡，是神偉大旨意的一部分；這就是以上經文中的「我們原是他的工作，為要我們行善」。

操控者 vs 啟發者

從看不見的信念律中支取超理性的能力，除了適用在做事上，在人與人互動、相互影響的做人方面，更是管用。

為什麼有些人及組織更能創新、更有影響力、更有成就？為什麼他們能從客戶或員工取得更高的忠誠度？即使在成功者當中，為什麼也只有極少數人能夠一再成功？而且能在不同領域中做成事情？

若仔細觀察這些具有巨大影響力的稀有領導者，可以發現他們從想法、做法及溝通的方法都完全一致，而且與一般人是不同的──一般人的與人溝通是從外到內，但真正能影響人的力量，是自內到外。

我常說，世上有兩種方法可以影響人們的行為──操控或啟發。「操控者」靠著外在的「地位、權職、利益」獲取短暫的交易，但被操控的人一旦威脅或利誘的因素消失了，便不再為其努力。

相較之下，「啟發者」能激發來自內心的忠誠，因為跟隨者「不是因為必須，而是自願地」為己、為團體而努力，是自發於內的力量。

卓越的領導者不僅能啟發部屬行動，更能進入部屬的內心，幫助他們看見比目前所見更遠大、更有價值的願景，進而賦予「為何而活」的目的感，以及為此而生的使命歸屬感；這種內在的呼喚，通常與外在的獎勵及益處無直接的關係。

真正「做領導」的人，之所以能使跟隨者付諸行動，不是藉由掌控，而是使其看到更遠大的願景，同時啟發他去完成，

因此跟隨者的忠誠度非常高，也更願意獻身、付出受苦的代價。

所以真正能撼動人心而帶出改變行為的，永遠不是只講道理的「言教」，而是身體力行的「身教」。

起初認為不可能做成的事情，在領導人帶領下做成了成果（what is the result），自然添加他們活在世上的意義。因此，領導人除了能畫大餅（指出願景），更要有把事情做成的實力（how to breakthrough），向跟隨者證明跟隨的目標是正確的（why do I exist）。如此便能引發生命中的正循環，越做越好，在效法後扎扎實實地烙印生命中。有關領導內涵，後續篇章中會有更詳細的說明和舉例。

在本書中有些概念曾在前三本著作中提及，但不同的是，這本書收錄了我在職涯發展和靈命成長上，最原始且細節的過程。每一段小故事都被我拿來當成勵志的案例，希望能協助讀者們理解「聽懂內心的聲音」的重要性，以及我何以會慢慢開展成為現在的我——這一切都不是偶然，而是早有神的預備在當中。

本書也是自我學習、自我操練的工具書，希望讀者藉著我在案例中設計的「情境體驗題」看到自己、藉著「觀念更新題」超越自己、藉著「反思學習題」找回自己。

古代人習武，若武功要達到極致，就必須打通任督二脈。當代人若想活出美滿的生活及豐盛的靈命，就要懂得藉操練以打通「工作」與「生命」的任督二脈。

最後兩章提供的兩套操練工具：「獨立思考——終身學習的法寶」和「靜的力量——聽懂內心的聲音」，幫助大家透過刻意練習，逐步穿越表象的限制、進入內心，領受個人專屬的美好異象。

在工作中
認識自己

———•———

CHAPTER 1

必須贏在
拐點的時代來臨了

2020 年初，新冠肺炎（COVID-19）大流行迅速席捲全球，令人聞之色變的 COVID-19 猶如加速器，驅動時代快速變化，考驗著人類的生存智慧及應變能力！

在這期間世界各地紛紛鎖國封城，催生了在家工作（work from home）的職場新趨勢；這時很多人才驚覺到傳統工作型態和意識不合時宜的部分，以往因應社會變局的能力，也面臨全面翻新的挑戰。

六年前（2015 年 12 月），出版《贏在扭轉力》時明確指出：身處十倍速時代，無論是個人或企業，勝出的關鍵已不是贏在起點，而是「贏在拐點」。COVID-19 這個加速器，讓時代變化的速度遠比「十倍速」更加快速，這便說明了，培養贏在拐點的能力已刻不容緩。

要如何培養贏在拐點的能力？後續的篇章會逐一說明。在此先深入探討，何以後新冠時代會是一個更強調贏在拐點的

時代？

實體瓦解、虛擬加速的經濟展望

COVID-19 大流行已超過兩年以上，對世界經濟產生很大的改變，簡而言之就是「實體瓦解、虛擬加速」。

很多人以為 COVID-19 瓦解全球化，這只說對了一半，因為是「實體全球化瓦解，但虛擬全球化卻加速發展」。很多以實體經營為主的企業遭受重大衝擊，像是航空公司；反之，一些以虛擬經營為主的電子商務企業（像是亞馬遜公司），股價反而逆勢一飛衝天。

很多人認為，上述只是暫時性的變化，殊不知這已經是永久性的改變。三個月就足以養成一個習慣。以前人們不習慣在家辦公，但是強迫執行一年多以後，發現在家辦公也很好，企業組織因此開始反思，為什麼非要用一個建築物把大家都集中在一起呢？在家工作蔚為風潮。

此一永久性的改變，帶來幾個更新的觀念：

一、翻轉確定與不確定

以前確定是常態，不確定是非常態；新冠以後，不確定成了常態，反而是確定變成非常態。如何因應此一變化，是當前亟需面對的挑戰，而且無論是個人、企業乃至於國家，皆無法置身事外。例如：

■ **經濟的挑戰**：原本確定的實體全球化逐步瓦解，未來不確定的虛擬全球化加速形成。

■ **國力的挑戰**：重要的製造大國（確定），必須轉型成為

創新強國（不確定）。

　　■**企業的挑戰**：未來定點、定時的實體公司（確定）式微，企業需要從垂直整合轉變到一個隨時、隨地可平面分工的虛擬體系或平台（不確定）。

　　■**管理的挑戰**：在家辦公後看不到員工，規則和級別制度的管理（確定）逐步減弱，取而代之的是要用願景和價值觀的認同感（不確定）來連結向心力。

　　■**個人的挑戰**：以往在固定或單一地點辦公的員工（確定），現在則是必須努力提升自我，打拚成為多個平台組織的合作夥伴（不確定）。

　　有鑑於時代巨變及相應而生的挑戰，工作者必須具備的專業能力勢必要跟著提升──不斷提升即意味著讓人置身在不確定性。如果持續停留在新冠時代前的學習、生活和工作模式，有如被限制在牢籠中，停滯且動彈不得。

【觀念更新】

在筆者提出「後新冠時代的不確定概念」之前，你是否已經體認到「不確定的年代」已經來臨？在工作上，這種不確定感帶來哪些顛覆性的轉變？

二、分辨一般時刻與關鍵時刻

　　如何提升相關能力？首先必須從轉變認知開始。因此繼「確定和不確定」的觀念之後，接下來就要認清：漫漫的人生

長路，我們面對的並非都是猶如太平盛世的「一般時刻」（確定），更有不少是攸關生命轉折的「關鍵時刻」（不確定）。

我通常會用賽車場（圖 1.1）的直道來比喻平穩時期的一般時刻，彎道代表情勢變動的關鍵時刻。在一般平穩確定的時刻中，靠的是贏在起點，但碰到情勢重大變更之際，假如還是用原有的知識和經驗來解決問題，翻車的機率非常高。若是此刻能聆聽內心信念的聲音，同時利用「扭轉五力」發揮大腦潛能，那麼就有機會贏在拐點，讓人生往上行的方向前進。

何為情勢變動的關鍵時刻？大致可分為下列幾種情況：

——面對工作難題，迷茫不知其解的時刻

——被突如其來的情勢衝擊，害怕到不知所措的時刻

圖 1.1 關鍵時刻—贏在拐點—扭轉五力

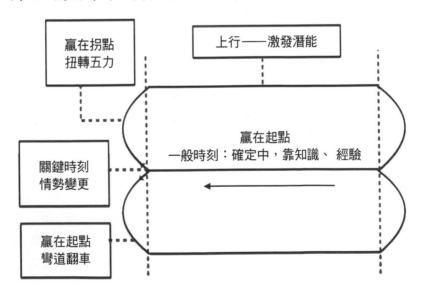

　　——感覺已經被逼到盡頭的時刻

　　——被交代去完成一個不可能完成任務的時刻

　　——長期受到逼迫，必須衝破逆境的時刻

　　——面對難題讓你想要轉身逃跑，或是想請別人替你解決的時刻

　　——走投無路的時刻

　　——明明做了對的選擇，工作景況卻更糟的時刻

　　——敵我實力懸殊，但必須以寡擊眾的時刻

　　——工作與價值觀起衝突，必須要抉擇的時刻

　　綜上所述不難發現，關鍵時刻之所以「關鍵」，主要是因為某個重大事件的發生，將決定日後相關情事的發展。套在職場情境，就是目前的景況你非得做出選擇不可：做對了選擇，你的職場及命運往上爬好幾階；反之，做錯選擇則會下滑好幾階。因此，此刻是分別一個人成功（上行）或失敗（下行）的重要時刻。（圖 1.2）

　　關鍵時刻有個重要特質：「**在此決定性時刻，所處的狀況或環境，是一種考驗和考察，能夠揭示一個人或團體內在的本質及熱情。**」在整個過程中，你的內在本質和熱情將清晰地展現出來；如果在此時能聆聽自己的聲音、遵循內心的指引，而且是有意識地審視這些本質和熱情，對個人或團隊的成長是非常寶貴的機會。

　　這種內視帶來的結果：不但能改變當前的境況，還能給自己或團隊更新更深更廣的認知，從而提升自己或團隊的潛能，達到從未想過及預料的結果。更重要的是，可以帶領你或團隊走上順天應人的路途。

圖 1.2 關鍵時刻，決定勝敗時刻

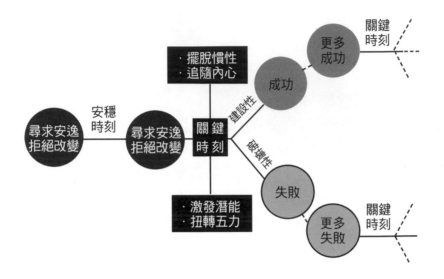

過去的經驗告訴我，在一般的時刻（直道），我可以憑藉的是努力、知識、經驗等「慣性思維」以解決一般成長問題。但每次當我遇到關鍵時刻（彎道）時，在一般時刻學會的經驗和知識，這時全都失效，同時你也會開始感到害怕。

關鍵時刻通常就是過不去的逆境，這時，你發現以前學會的做事方式都派不上用場，必須用另外一種方法或態度來解決。記住，千萬不要放棄、或是害怕逃走，同時也要勇敢地放棄固有自我掌控的衝動，而是要靠內心「熱情的信念」來決定未來的方向。

過往的經驗也證實了，當我遇到逆境沒有退縮，在衝破逆境的過程中，我的五個潛能也一點一點地被激發出來；最後順利解決當時的難題，職涯因此走向上行之路，直到下一個拐點

的來到。所以鼓勵大家在逆境當下，試著依靠內在超理性信念的指引，並用扭轉五力激發潛能，讓自己的人生戰勝逆境邁向不一樣的境界。

【觀念更新】

你是否想過生命中有分為「一般時刻」和「關鍵時刻」？面對關鍵時刻應如何應對？

三、認清知識與本事的差矩

看得見的知識是死的，看不見的本事是活的；不同級別需要不同層面的認知改變：

■**身為工作者**：以前身處確定中，工作是靠贏在起點，只要證照多、學歷高、經驗豐富，自然就可以靠知識解決一般問題，使用的是線性思維和套公式（使用別人的方法）。當不確定已成常態，就要學會在不確定中解決難題的本事，找到規律並且導出公式（找到自己的解決方法）。工作者要常反思的是：自己憑藉的是贏在起點的資格，還是贏在拐點的應變力？

■**身為管理者**：在確定中，帶領公司跟員工的方式，靠的是看得見的規則和制度、級別和命令。身處不確定中，管理者必須學習的本事就是「帶好人、做對事、定方向、處應變、守原則」等看不見的能力。所以，管理者要反思的是：自己帶人是憑藉權威還是感召式的領導力？

■**身為企業家**：面對不確定的時代環境，不能只是死守舊

業，必須洞燭機先選擇去做又新又難的事，向外拓展、創造產業升級的明日願景。因此，企業家要反思的是：自己在表象中拚苦工？還是在異象中贏特色？

■作為教育工作者：傳統傳授知識都是靠不間斷的灌輸，最後再以考試成績優異與否，來辨別學習者的好壞。殊不知這種學習只是模仿，未必代表真的學會；真正的學習應該是以思考為基礎，並以個人能夠解決實際問題與否，來決定成績好壞。因此，為了培養出具備時代競爭力的學生，教育者須懂得啟發學習者的好奇心，教育者要時時提醒的是：自己是只要求學生的成績，還是在啟發學生的獨立思考及自主學習能力？

易言之，要在確定中解決問題，通常靠的是知識，要在不確定中找到規律、進而解決難題，靠的是本事。

【反思學習】

身處「後新冠時代」，你遭遇到最大的挑戰是什麼？到目前為至，找到了哪些因應的方法？

面對環境改變和自身不足時，該如何化危機為轉機？如何跳脫本能式逃避或被動式應變，轉為主動管理改變、創造改變，並在其中學會本事？這時就有賴於體會到：

「智商」是天生的，「變商」是後天培養的。所謂的變商（XQ），指的就是贏在拐點的「扭轉五力」！這五力不是套知識的公式，而是藉著操練，激活出導公式的潛能。

　　面對不確定時，首先就是要有「**魄力**」：勇於做出艱難的決定、承擔可能的負面後果，同時也有膽識做好應變的規畫。而且一旦決定改變，下一步就是要展現找到解決之道的「**眼力**」：追逐夢想和願景的能力，以及評估局勢並改變方向的能力。

　　在此過程中，與人的合作很重要。「**魅力**」：能夠幫助我們在任何情況下，認識和管理好自身及他人的情感需求，並在負面環境中激勵自己也激勵別人。

　　但至終事情要做成，還是需要動力。再完美的計畫都必須落實到行動中，特別是關鍵時刻如何解決難題，而「**動力**」：讓人在行動中發展出一套可見可及的計畫，並且堅持執行直到目標達成。

　　而相較於前面的四個力，可使個人事業有成，「**德力**」：是一個平衡力，幫助個人家庭幸福、身體健康、靈命晉升。而且德力不只是講誠信，或是邁向更高的道德標準，更是幫助個人乃至企業，維持長期成功的能力。

　　在本書和《贏在扭轉力》當中，我有依據不同階段的個人案例（學生、年輕人、專業工作者、經理人、高階主管、企業家）（圖 1.3），擬定不同的扭轉五力（學習階段的五力、突破職場困境的五力、衝破企業瓶頸的五力），在這個變動的年代，希望為求新、求變、求生存的工作者找到應變的能力。

　　若是將圖 1.4 的扭轉五力想像成一個人，「眼力」代表一個人的頭腦，象徵任何時候都要先想清楚再行動（envision，方向能力）；「魅力」和「動力」則好比是一個人的左右手，魅力的重點是帶好人（energize，激勵能力），動力的重點是做

圖 1.3 關鍵時刻，扭轉五力活出與眾不同

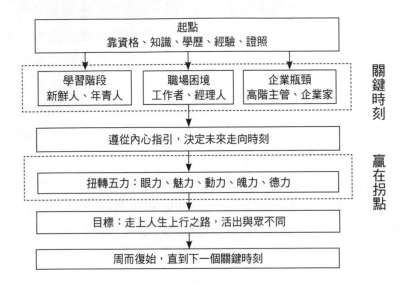

圖 1.4 突破職場困境的扭轉五力

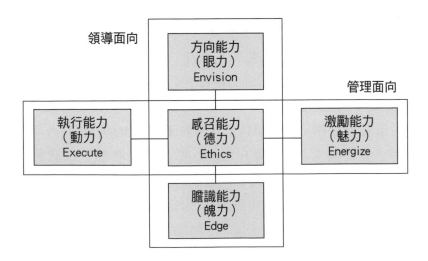

對事（execute，執行能力）。最底下的「魄力」則猶如一個人的雙腳，是調整應變所有事件的重心（edge，膽識能力）；至於位處中間的「德力」，代表的是心，指引個人在良心上的平安（ethics，感召能力）。

　　圖中橫向是管理面向，縱向是領導面向的扭轉力，當上述五力都得到良好的發展時，人生才會平衡上行、身心健全；這種平衡與健全，讓人在關鍵時刻可以臨危不亂。

【反思學習】

試以「扭轉五力」描述的特質，評估個人過往或目前工作的得失。你的啟發有哪些？

贏在拐點，活出與眾不同

　　這是一個後新冠、講究 XQ（變商）的時代，不只成功的速度比以前快 N 倍，失敗的速度亦是如此。N 倍速（N>10）是指在同樣的時間內，變化的速度比以前快了 N 倍。X 是指未知數，XQ 是面對未知的不確定中把事情做成的能力。

　　在此一趨勢之下，傳統華人教育主張的 IQ（智商），以及後來一些學者推崇的 EQ（情商），都已不足應付 N 倍速時代的需求——其需要的頂級智慧是 IQ + EQ + XQ。同樣地，想在 N 倍速的時代勝出，重點不是贏在起點（靠資格、學歷、經驗、知識、證照等坐而言的能力），而是贏在拐點（靠在關

鍵時刻的扭轉力等起而行的能力）。

　　換句話說，身為現代人的你，若是未能及時培養出先前提出來的五力：眼力、魅力、動力、魄力、德力，藉此解決難題、超越逆境，以達終點的話，那麼可能終其一生都在起點做準備，因為只要在參賽中遇到困境，就又會回到起點（例如，回學校進修），永遠抵達不了終點，越是變動的年代，越需要XQ，也唯有XQ能凸顯出人與人之間的專業差異。

　　時至今日，還常常看到「贏在起跑點」的概念。「贏在起點」和「贏在拐點」兩者本質上有何不同？以及你認為「真正的」成功人士，通常是贏在起點還是拐點呢？接下來要分享的實際案例，可能會讓你跌破眼鏡！

　　調查發現，過去三十年，中國的三千名高考狀元（贏在起點）只有極少數人成為「行業領袖」，雖然他們可能在各自的領域中成為頂尖的專家、研究員及教授，但很少數能做到全方位，從無到有、獨當一面的產業創新。反觀當前檯面上眾多的成功華人企業家，有不少沒有亮眼的學位及家世，而是從基層做起、白手起家（輸在起點），但在面臨不確定的關鍵時刻，學會勇於改變自己的XQ，以至如今都成為各行業的領袖（贏在拐點）。

　　是什麼原因導致贏在起點的這三千名高考狀元，沒能活出與絕頂聰明相稱的職涯呢？癥結就是跟隨表象所帶出贏在起點的思維：

一、急功近利的社會文化，抹煞了有為者的熱情——鎖住視野

絕大多數華人的文化大都獎勵及鼓動學生，要盡全力快速成功，因此要追隨權威思想，進而形成一種從眾和跟風文化；再來，當學生被教育成一生只崇拜權力和金錢，並成為它們的奴隸時，其實也就等同於抹殺自己內心的熱情。追求急功近利的結果，使得很多人在就讀中學的時候，與考大學無關的東西就不學，上了大學，與就業無關的知識就不問；進入職場後也是一樣，跟生計無關的事就不做，跟升遷無關的討論也不管。這些行為看似無關緊要，實則鎖住一個人的視野及格局，可能影響一輩子。

當一個人的眼睛總是盯著眼前的外在事物看，便容易隨社會的主流意見起舞，聽不到自己內心的熱情呼喚；當一個人只懂得自掃門前雪，不了解應該對團體擔負什麼責任，便註定人生平庸，難以出頭天。

二、知識灌輸的教育方式，抹煞了學習者的好奇心——鎖住思維

在東方結構固化的課程及填鴨式的教育體系下，考試常常不是「是非題」就是「選擇題」，並不鼓勵學生培養嚴謹的獨立思考。再加上，很多華人父母擔心孩子輸在起跑點上，很早就開始把孩子送去補習班，孩子被一堆課業追著跑，為求過關，就變得只追求標準答案，因此越是考試得高分的佼佼者，越容易鎖住思維，而失去自己探索知識的好奇心。

關於學習，最理想的一種情況是，應該從小就讓孩子動手做自己喜歡做的事情，學習如何手腦並用。於此同時，也要學

習一些素質修養的課，才會懂得如何尊重他人，以及如何成為
團體中的一份子。

　　太早背誦知識，容易造成腦筋的固化，為了升學而唸書，
更是無法讓人體驗到學習的樂趣；況且教育的最終目的，不就
是要激發學生主動學習的精神嗎？無怪乎，很多贏在起點思
維的華人，出了校園就不讀書。一個無法靜下心來好好讀書的
人，只會越來越疏遠自己的靈魂。

　　回顧我個人的赴美生涯發展，亦非贏在起點，而是贏在拐
點，最終從庸碌的狀態活出了個人的與眾不同！

　　大學畢業後從台灣負笈美國求學，我就讀的是 Rutgers
（羅格斯）大學的研究所，該校的排名不低，但相較於史丹佛、
麻省理工學院等世界名校仍有一段距離。進入社會的第一份工
作，亦是當時已經走下坡的 RCA（美國無線電公司），學習的
也是即將被淘汰的半導體技術，職涯的起點並不理想。

　　但在起初 28 年的職場生涯中（工程師 6 年、經理人 10
年、高階主管 12 年），每一個拐點皆是我拾級而上的階梯，也
因此得以從基層工程師，慢慢晉升到國際知名手機公司的亞洲
總裁一職；總計超過 25 次的進階過程中，我在科技及商業創
新方面的成就也一次比一次更巨大（圖 1.5）。

【反思學習】

你是「贏在起點」的人嗎？是否也曾經「贏在拐點」呢？能描述出
這兩者的異同點嗎？

圖 1.5 多方面創新的職場成就

I. 科技成果	II. 業界榮譽
• 9 項全球專利 • 超過 30 篇論文發表 • 最佳產品設計獎 　（Electronics, 1982） • 最佳論文獎（IEEE,1986）	• i-RAM 之父（Intel-Andrew Grove, 1983） • 傑出校友獎（新竹交通大學, 1990） • 手機中文化之父——太極（Motorola, 2001） • Linux——智能手機之父（Linux Device, 2004）

III. 商業成就	
• FSRAM 全球總經理：三年內全球市占率從第六到第一 • 亞洲通訊業務總裁：創立亞洲手機第一品牌，業績翻 20 倍 • 董事長兼首席執行官（E28 Limited）：網路公司併購	

　　在此分享個人的職涯上行之路並非要高舉自己，而是想鼓勵正在看這本書的你，有為者亦若是，只要先勇於追隨內心熱情、聆聽內心的聲音，追求卓越；同時還要操練扭轉五力，勇敢為理想而活，學會本事，亦即：

　　(1) 不要追求功利：往往我們認為成功人士是贏在起跑線上，像是先天的條件、學歷、資格、認證，從小就追求從眾和跟風的目標而不斷地努力奮鬥，甚至不擇手段，從外在追求認可，結果大家都走進「紅海」。

　　(2) 而是尋找熱情：真正的成功人士，不會被社會或別人給的框架綁住，只是勇敢地為自己夢想去活，總是去做原創的事，即便在自我害怕、沒有其他人看好的情況下依然前行，藉此培養後天解決難題的能力，從內心感受平安，反而找到「藍海」。

　　(3)內心指引：人生的價值在於創新，最好的創新必然來

自內心的熱情，熱情是上蒼所賜的才幹、資源、機遇以及你獨一個性的融合體，成功者在時時聽懂自己內心聲音中找到「命定」，而不理世界的咆哮。

(4) 創新創意：它們並非與生俱有，而是來自於不停地努力，以及不斷地學會去做困難的事，因而激發出「潛能」。

(5) 懷有崇高理想：這是一生活在世上「意義」的追求，時時提醒自己人生短暫，別活在別人的夢想裡，然而真正的動力來自於過程中的成就感，而非成功。

(6) 活出與眾不同：並非指追求世上的金錢、權勢。而是勇敢地走自己的路，在追求卓越，學會本事中活出與眾不同（make a difference）的「異象」人生。

每當講到這個主題時，我最常舉的例子就是創造全球資訊革命的三個年輕人：賈伯斯、比爾蓋茲、戴爾。他們的名字你一定不陌生，而且有些人可能還是他們企業產品的忠誠使用者。

他們三人的共同處在於，都是放棄了原本贏在起點的大學學業，跟隨內心的熱情選擇創業，並且在一次又一次艱難的困境中，勇敢地為理想奮戰，最終贏在拐點，才得以分別建立起個人電腦的硬體平台（蘋果電腦）、軟體平台（微軟系統）、直銷平台（戴爾電腦直銷模式）——先找到熱情再學會本事。

反觀一個只顧贏在起點的個人或企業，至終都會走進隨大流的內捲（意指長期停留在內耗狀態）漩渦中，再努力也是徒勞。最好的「反內捲」之法，就是學會贏在拐點的「扭轉五力」、突破困局，以創新向外拓展，活出個人或企業的與眾不同！

【反思學習】

你對於自己目前的工作，是否懷抱著熱情、也具備相關的本事？渴望找到唯一，進而活出第一嗎？

—— • ——

回到內心深處的時刻

　　你是否曾經歷過「回到內心深處」的特別時刻？若從「贏在起點」的思維切換到「贏在拐點」,「贏在拐點」這個時刻常常就是回到個人內心深處的具體呈現。

　　在早期封建及較少變化的社會體制下,一般人的一生是靠「出生」在哪裡的起點定輸贏,只有極少數的人方能藉「科舉」翻轉生命,因此「萬般皆下品,唯有讀書高」是中國幾千年以來的主流價值,這也是以追求先天智商的起點為標準。即或是今日,仍普遍認為一個人必須接受良好傳統教育(包括唸到博士)的贏在起點思維,才能藉此翻身或出頭天。

　　但在開放多元、全球快速變遷的後新冠社會,隨著自媒體的蓬勃發展,人們的成就不再綁在「會讀書」的單一路徑上,只要有一技之長或懂得自我經營,通過千百條不同的路徑,每個人都有機會展現自己的特長,因而與眾不同。在這個時代,能將自身潛能完全發揮、並懂得贏在拐點,確實行行都能出狀

元。嚴格來說，現在社會對天才的定義，也應該要從贏在起點的智商（IQ）切換到贏在拐點的變商（XQ）！

面臨工作的關鍵時刻：贏在起點心態，反而庸碌一生

我們先來探討何以在當今快速變遷的後新冠時代，強調贏在起點，最後會讓人活成庸碌一生呢？

聰明人算計眼前的利益，深信成功人士靠的是資格、學歷、經驗、證照、努力等外在能力，並且習慣在確定環境中以知識取勝。

這類型的人追求的大多數是世人定義的成功，像是最榮耀的第一名、最賺錢的職業、最熱門的學校和專業，而且會急功近利地去爭取。

贏在起點考量的是一般大眾羨慕、想要的東西，卻較少或從未認知到，這是活在別人設計的框架裡，並不適合自己的特質。而且，過程中都在自己熟悉的物質世界中打轉，少了冒險犯難的內心探索，因而也少有突破框架的偉大事蹟。

圖 2.1 是三個分別代表現實面（體）、精神面（魂）、生命面（靈）的圈圈，一個贏在起點的人，面對工作的關鍵時刻，通常是從體與魂的層次來回應，而不會進入到靈的層次（即內心信念），體驗的順序是「從外到內」的。

■**現實面**：感受的是「發生什麼」（what happened）：藉著感官來感受工作或人生中遇到重大改變的關鍵時刻，屬於現實面的體驗。

■**精神面**：思考的是「如何回應」（how to respond）：接

圖 2.1 關鍵時刻—贏在起點—由外到內—庸碌一生

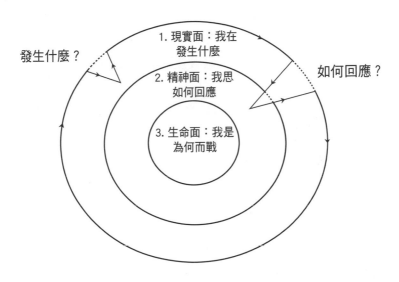

發生什麼？
1. 現實面：我在發生什麼
如何回應？
2. 精神面：我思如何回應
3. 生命面：我是為何而戰

著會進到大腦，藉著大腦的慣性思維來思考：(1) 藉著現有的知識、經驗、做事方法，固有的資格、規則、級別；(2) 並以急功近利贏在眼前的價值觀和人生觀，來組織解決方案，這是屬於精神面的回應。

■**生命面**：反思的是「為何而戰」（why do I fight）：在一般挑戰時，大多數人不會問到生命面的問題；但在人生逆境的關鍵時刻，因為現實面及精神面過不去了，人們就會開始反思活在世上的熱情（passion）、意義（meaning）及其所帶出生命定位的信念（belief）是什麼？然而在與內心信念探索的爭戰中，越是 (1) 知識灌輸教育方式的優勝者（考試得高分），以及 (2) 強烈認同急功近利的社會文化者（眼前的利益），因為害怕走出表象的舒適圈，不敢冒險，而鎖住了視野及思維，大

腦越會無意識地自動駕駛（autopilot），越容易拒絕在生命面改變自己，至終，仍是以慣有的理性思維，來回答生命面的問題，問的是「為何而戰」，還是在自我利益的層面思考，甚至會刻意繞道而行以求速效，以致無法面對議題。

【觀念更新】

你是否曾聽過現實面（體）、精神面（魂）、生命面（靈）三個層次？
得知這個新觀念後，帶給你什麼樣的幫助？

為了增進大家的理解，接下來舉一個輔導案例，說明在工作的關鍵時刻只是憑眼見、靠慣性，將會遇到什麼樣的職涯瓶頸；以及如果願意的話，可以如何從生命面的角度去切入和突破。

在我輔導的經驗中，聽過不少人會抱怨說「自己對公司的貢獻那麼大，為什麼最後升遷的人卻不是他？」身為某公司的華裔主管 Joseph，就是明顯的例子。

Joseph 是某個公司的產品總監。有次碰面時，他忿忿不平地告訴我：公司轉型後，所有的營收都是從他管的技術產品而來；明明他的功勞最大，公司卻沒有在改組後提升他的職位，這使得他不禁懷疑：「是美國人歧視我的華裔身份？」

同樣是華裔美國人的背景，為了避免 Joseph 先入為主地將種族歧視當作擋箭牌，當下我試著引導他先跳出自己的情境，從更寬廣的視野思考當前的情況。

「按照你跟我說的前因後果，在公司轉型改組之前，是不

是有人：(1) 先意識到市場的改變，並從中找到新的規律；(2) 按照新規律在不確定中為公司制定新的願景和策略；(3) 同時進行又新又難的組織重整；(4) 再從公司外部進用更合適的人才；(5) 等新市場負責人到位，定出符合市場潮流的新產品規格，並以文字敘述後，才交由你的部門執行。」

我接著表示：「換句話說，你在拿到確定的產品規格後，只需要用知識來執行確定的任務。前面五個從無到有的原創步驟，靠的卻是能夠從不確定中找出規律的本事。」

【情境體驗】

試想一下，如果你是 Joseph，處在類似的工作情境當中，你的思考邏輯是什麼？又會作何種反應？

我想傳達給 Joseph 的重要觀念是，解決確定狀況中的問題是靠知識；解決不確定狀況中的難題是靠本事。養成本事需要熱情的支撐，要成為一名卓越的工作者，熱情和本事缺一不可。那些靠本事解決難題的人，對公司的貢獻遠比其他人來得大。

若將 Joseph 的處境導入圖 2.1 的三個圈圈，便會發現他的職涯瓶頸是因為卡在現實面和精神面，而沒有進到看不見的生命面：

(1) 現實面：感受的是發生什麼：公司轉型成功，Joseph 自認功勞最大，卻沒得到應有的升遷。

(2) 精神面：思考的是如何回應：Joseph 心中感到忿忿不

平，把這種差別待遇解讀為種族岐視，因而消極怠工。

(3) 生命面：著墨在為何而戰：Joseph 因慣性贏在起點心態，而鎖住了視野及思維，忽略了他人的貢獻和本事，而且被自身利益蒙蔽，開始質疑起自己所為何來？

實情是：Joseph 目睹公司轉型困難的關鍵時刻，卻只知用知識埋頭苦幹；對其他同事在不確定狀況中展現的本事視而不見，公司高層當然也就察覺不到他是否具備更大的潛力，所以升遷的人就不是他了。

放眼周遭，像 Joseph 這類的人很多，他們因慣性思維而活得庸庸碌碌。然而，他們具備：(1) 聰明、(2) 工作努力、(3) 有企圖心、(4) 專業能力強等特質；可惜的是，容易：(1) 只顧自己、(2) 缺好奇心、(3) 人際關係差、(4) 溝通能力弱、(5) 沒有商業頭腦、(6) 難以信賴。

贏在起點的思維帶出的正、負面特質，交錯的結果就是：

——雖然聰明（知識有餘），但創新能力不足（本事不足）

——工作努力（為己），但只顧自己（功利）

——有企圖心（要更高職位），但溝通能力弱（影響力弱）

——有企圖心（只會做事），但人際關係差（不懂做人）

——專業能力強（只知片面），但沒有商業頭腦（不懂全面）

——專業能力強（自以為是），但難以信賴（難擔大任）

【反思學習】

對照一下「贏在起點」的正、負面特質，你符合了哪幾項正面特質？又符合了哪幾項負面特質？

面臨工作的關鍵時刻：贏在拐點行動，因而與眾不同

相較於「贏在起點」是一種憑眼見、靠慣性的思維，「贏在拐點」憑藉的是超越理性的信念，看的是意義，而非僅僅是眼前的利益。

贏在拐點的思維，首先會引導我們進到生命面去探問 why：為什麼活在世界上？原因是什麼？在有意識地審視自己的本質及熱情後，勇敢地拋棄慣性思維，以及自我掌控的激動，試著在不確定中聆聽內心的聲音，進而追隨內在熱情及信念，找到最適合自己的工作──即使不一定是眼前最賺錢和最熱門的領域。

圖 2.1 講的是贏在起點的思維，圖 2.2 的三個圈圈則是在說明贏在拐點的思維。兩者最大的差別在於，贏在拐點是超越現實面、精神面，直入生命面的領受模式（即內心層次），所以體驗順序是「由內至外」的。

■**生命面**：反思的是「為何而活」（why do I exist）

同樣，在一般挑戰時，大多數人不會問到生命面的問題；但在人生逆境的關鍵時刻，因為現實面及精神面過不去了，人們就會開始反思活在世上的「目的」、最渴望的「熱情」及自己生命定位的「信念」是什麼？這時在與過往慣性思維的爭戰，有些對自己目前生命本質不滿意，或切求內心深處熱情的勇敢冒險者，就會有意識地放棄固有本能的感覺、能力、掌控，勇敢地跳脫現實面及思考面的限制，直接進入非物質世界的生命面去探問為何而活？因此能透過信念以面對職場的逆境，所以能超越自我利益，在必要時做出犧牲，在生命的「質

圖 2.2 關鍵時刻─贏在拐點─由內至外─與眾不同

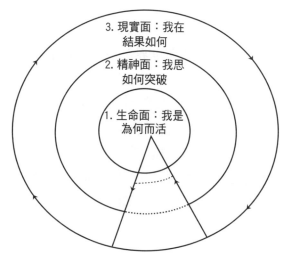

超越現實面、精神面,直入生命面

變」中贏在拐點,因而能領受比自己過去更真實、更偉大、更美好的異象及願景,因而激發並培養出領導面向──「不滿現狀的魄力 + 換位思考的眼力 + 做對事的德力」的扭轉力。

■**精神面**:思考的是「如何突破」(how to breakthrough)

精神面要跟隨。領受到異象之後,緊跟其指引,用「對」的方式將之做「好」,所以會激發並培養出管理面向──「激勵自己及他人的魅力 + 執行到位的動力 + 感召人的德力」的扭轉力。

相較於其他四個力,可使個人事業有成的「德力」:是一個平衡力,幫助個人家庭幸福、身體健康、靈命晉升。而且德力不只是講誠信,或是邁向更高的道德標準,更是幫助個人乃

至企業，維持長期成功的能力。

　　■**現實面**：體驗的是「結果如何」（what is the result）

　　現實面得印證。當我們把現實面的場景拉到生命面反思，便會因生命面的質變（靈命世界）、精神面的突破而在現實面產生很大的量變（物質世界），讓事情的結果超乎原先的期望。

　　這對個人來說是「正向的回饋」，因為不僅見證了異象，也證明了自己從生命面得到的領受是對的，因而加強信心，未來就更願意持續從生命面的領受出發，成為一種自然而然的正向循環。

【觀念更新】

　　筆者指出，當體驗的順序變成由內而外，以「生命面」出發，回應工作的關鍵時刻，最後會帶出截然不同的結果。此觀念帶給你的衝擊是什麼？

　　基於上述，個人也會在面對關鍵時刻時不斷進入內心，並且與內心信念的互動中，操練扭轉五力的潛能，至終找到在世上獨一的命定及神國唯一的使命。

　　接下來我分享自己從研究所到離開校園的三段小故事，對照不同思維所帶出來的人生差異，來說明圖 2.2 的模式。

工作不設限：一支掃把的換位思考

　　在美國讀碩士的第二年暑假，我突然意識到自己讀了那麼

久的工科，不斷地在理論方面精進，卻缺少工廠的實務經驗，便跟研究所指導教授提出想到工廠體驗的想法。

很幸運地，我申請第一家公司就順利錄取了！那是紐澤西南部的一家工廠。報到當天，我抱著既期待又緊張的心情，準備展開人生第一份工作；但萬萬沒想到，希望都還沒實現就隨即落空。

「原先要離職的工人又不辭職了，所以現在沒有職缺。」一見到領班，他就這麼告訴我，口氣尋常、彷彿沒什麼大不了。

我就無法輕鬆以對了，沮喪表情全寫在臉上。領班見狀，隨手就拿了一支掃把給我，說：「你自己找些事情做吧！我下午再來找你。」說完他就走了，留下一臉錯愕的我。

【情境體驗】

當你像筆者一樣，興高彩烈到新公司報到，才被臨時告知工作沒了，主管還隨便指使你去做一件降格、而且你不喜歡的事，你會作何種反應？

如今回想，當時他應該只是想打發我，看我會不會自覺無趣、自動走人，或者搞不好會直接憤而離去。實際上，這兩種反應當時都曾經浮現在我腦海中。

當我接過掃把時，第一個想法就是：「我是一個研究生，當初面試是工人的職缺，怎麼變成清潔人員呢？」這個現實面（what happened）體驗讓我越想越氣，索性就放下掃把，走出那家工廠（精神面：how to respond）。

奇妙的是，正當我往停車場的方向走去的關鍵時刻，突然內心有個聲音反問我：「你到這家工廠不就是想體驗實務嗎？如果當工人是一種體驗，那掃地不也是嗎？」在反思中，我切換到由內而外的生命面（我選擇了 why do I exist，而非表象的自我利益 why do I fight：來此是為了體驗工廠，而不是為了有面子的工作）思考，想通了以後，我便轉頭走回工廠，甘心樂意地拿起掃把，不到中午就把領班交代的區域打掃乾淨。

到了下午，領班並未依約出現。第二個關鍵時刻我再次思潮起伏，幸而經過上午的從「為何而活」（what do I exist）的生命面思考、決定留下來之後，現在的思考是：「如何突破」（how to breakthrough），而沒有落入「如何回應」（how to respond）的窠臼。

當時我想，領班既然要我自己找事做，而且我來這裡的目的就是要學習和體驗，那何不做出一點成績呢？於是，我開始打掃工廠的其他區域。隔日一早，照樣前去工廠從事打掃工作，而且還擴張版圖，自動自發地跑去清掃倉庫、辦公室，最後連廁所都掃了。

才幾天，整家工廠裡裡外外都成了我的管區，也因為這個原因，我認識了工廠和辦公室裡的許多人。

有趣的事情來了！隨著我的存在越傳越開，有人跑去告訴領班，說：「嘿！有一個中國人很勤奮，把我們工廠打掃得很乾淨。」領班一聽才驚覺到，他忙到徹底把我給忘了（或著根本沒想到我居然會願意留下來當清潔人員），急忙跑來向我道歉。

最後的現實（what is the result）是：領班說「由於大家都很肯定我的表現，正好有個鑽孔的工人要走，薪資條件不錯，

很多人爭取，但他決定把這個職缺留給我。」最後還語帶誠懇地說 "You deserve this!"

　　在這裡，我把這兩個不同的思考路徑整理如下頁的表格所示。

【反思學習】

藉由上述的故事你可有領悟到，往往成敗之差在於「一念之間」？在頭腦「慣性思維」及內心「內在信念」中你會如何選擇？是否也有過類似反敗為勝的經驗？

操練獨立思考：改變學習方式

　　赴美就讀研究所的第一年，我面臨到前所未有的學習震撼教育！

　　以往我的學習模式是定點定時的上課、課程由教師主導，必須要有教材、試題皆有標準答案，覺得老師講的一定對，所以從來都不會問問題，就是跟著老師的思路走。

　　進入美國研究所就讀後，有次被教授選中做專題報告，我非常認真準備，事先也不停地演練；但當我實際站在台上報告時，同學們連珠炮似地提問與質疑，還是讓我完全無力招架，以至於專題報告只講一半時間就到了。

　　就現實面（what happened）來說，人生第一次遭受如此多的拷問和批評，我挫敗極了！自信心瓦解，甚至萌生不如放棄學業（精神面 how to respond）、打包回台灣找工作、開始賺錢的念頭（生命面 why do I fight）。

贏在起點的慣性思維（從外到內）
憑眼見、靠慣性 what → how → why → 憤而離去
現實面：發生什麼（what happened） ——不如我意：第一份工作就落空 ——受屈辱：還要我去掃地
精神面：如何回應（how to respond） ——讓領班知道我的不滿：難以平息心中的沮喪及不平 ——何必當個清潔人員：我是個唸碩士的知識份子
生命面：為何而戰（why do I fight） ——再去找別的工作，或者回學校繼續做研究助理的實驗工作
結果：憤而離去，沒能學到這個寶貴的一課

贏在拐點的超理性信念（由內至外）
進內心、見願景 why → how → what → 意想不到的經驗
生命面：為何而活（why do I exist） ——我為何來打工：不滿只讀書的現狀（魄力） ——在工廠做工是體驗工廠，掃地也是體驗工廠：換位思考（眼力） ——因著內心渴望的指引，而能看到在現實面及精神面看不到的盼望（德力）
精神面：如何突破（how to breakthrough） ——緊跟內心渴望的指引，用「對」的方式將之做「好」 ——激勵自己把事情做好（魅力） ——要有所作為的執行力（動力） ——自動找事做且擴張版圖的感召力（德力）
現實面：結果如何（what is the result） ——拓展掃地區域，打破自己的侷限 ——反敗為勝，得到領班的肯定，得到新的職缺
結果：如願體驗工廠工作，同時領悟到「工作不設限」是職場不斷升遷的不二法門

在此同時,我也覺得不解,心想每年有這麼多華人到美國求學,肯定都會遇到類似的學習文化衝擊,為什麼他們還是一樣活得好好的?

第二天清晨,課堂上難以忘記的失落經驗讓我陷入反思,想說:「為什麼我自認已經事先準備得很充足,比所有同學都更了解報告內容,最後還是有許多我以前從未想過也回答不上來的問題?」接著,內心有個念頭閃過,提醒我:「自己的思考模式是否出了問題?」慢慢一路往下想,才體認到自己確實有思考不嚴謹的地方。

經由前述的思考,改由生命面(why do I exist)出發並做反思之後,為了長期能在職場生存及追求卓越,我必須調整自己學習的方法跟態度,以突破思考盲點。

這裡點出了一個重點:在生命面切換角度非常重要。可以幫助你從「慣性思維」跳躍到「超理性信念」。一個人只要在生命面清楚了、堅定了以後,那就能幫助你另起新的視野在精神面尋求「如何突破」(how to breakthrough)並堅持下去。當我決定要拋棄標準答案、人云亦云的習慣,就開始按部就班地學習如何操練獨立思考(更詳盡的說明請見本書第九章的「獨立思考」)。

　　找到第一份工作後，每天下班我會把當天學習到的重要知識做成筆記，過程中若發現有不清楚的地方，我就去請教別人，直到能把它寫完整為止。藉由這樣的方式，我不僅操練了嚴謹的思考模式，也學會「直覺性」的思考。

　　接下來，我又開始嘗試在每天的筆記後面，寫出幾個自己歸納的結論，並且將之圖像化，像是畫一個圖表，藉此確認我對所寫的東西已經完全了解。

　　寫結論是操練我思考的是「關聯性」和「旁通性」；畫圖表則是操練我的「整體性」和「預見性」。大家可以按照書上寫的三個法則、六個步驟按部就班地操練。思考的操練秘訣在於慢與堅持，再加上不斷地練習、練習、再練習。

　　那在現實面（what is the result）得到的結果是什麼呢？那就是我的學習已經不再是簡單的模仿，而是以思考為基礎。自己是老師，自己編沒有標準答案的學習教材。這樣的獨立思考操練很值得，讓我在往後的工作上無往不利，且一生受用不盡，收穫遠超乎我的期待。

【反思學習】

當你認知到自己有嚴重缺點後，如何下定決心改變，甚至遭遇重重攔阻也不放棄？最後又因此邁向了哪一層的更高階梯？

隨熱情、捨學位，及早進入職場

　　想要贏在拐點要具備 XQ（變商），而變商的培養，在於

贏在起點的慣性思維（從外到內）
憑眼見、靠慣性 what → how → why → 故步自封
現實面：發生什麼（what happened） ——被拷問和批評：招架不住，挫敗極了 ——自信心瓦解：甚至萌生不如放棄學業、打包回台灣的念頭
精神面：如何回應（how to respond） ——我的論點是對的：只是同學們不了解，等我英文表達能力改進後，就沒問題的 ——我想改：不知從何著手，又太難了，等過一陣子心情平復就沒事的
生命面：為何而戰（why do I fight） ——休學回台灣，找工作賺錢
結果：故步自封，自以為是，走上平庸的人生
贏在拐點的超理性信念（由內至外）
進內心、見願景 why → how → what → 勇於改變
生命面：為何而活（why do I exist） ——為什麼我一直認為對的，別人卻不以為然？：誠實對己（德力） ——我還能生存得下去嗎？我為什麼要安於現狀？（魄力） ——我必須要改變學習的方式，因著內心不平安的探問，而能看到自己過去不足的地方（眼力）
精神面：如何突破（how to breakthrough） ——拋棄標準答案，不再隨大流、人云亦云（魅力） ——學習嚴謹思考，建立思考主導權（動力）
現實面：結果如何（what is the result） ——開始操練並應用獨立思考
結果：勇於改變，往後讓我在工作上無往不利、一生受用不盡，遠遠超越當時所想

追尋內心的熱情以及操練專業的本事。向來就勇於跟隨內心熱情的我，一路走來是如何憑藉著熱情的指引和支撐，慢慢累積出在高科技行業的實戰力呢？追本溯源，跟我在研究所做的一個勇敢決定有關！

　　1974 年，我在美國羅格斯大學的指導教授兼系主任，有天很高興地告訴我，有好幾個企業因為我做的一個實驗結果，捐給學校一大筆錢，學校希望這個實驗可以繼續做下去，因此願意提供全額獎學金讓我直攻博士學位。

　　乍聽到這個消息我心頭一喜，這可是留學生求之不得的機會。但很快的，在此關鍵時刻一個發自生命面（why do I exist）的探問，馬上將我從現實面拉回到內心深處：「你唸那麼多書做什麼？你真的那麼喜歡做學問嗎？」

　　稍加思索後，我拒絕了指導教授的好意。

【情境體驗】

　　想像你像筆者一樣，得到校方提供全額獎學金讓你直攻博士學位的機會，你感覺欣喜，但內心又冒出不同的探問：「你唸那麼多書做什麼？你真的那麼喜歡做學問嗎？」最後，你是隨頭腦的思維，還是聽內心的聲音？

　　「你有什麼問題嗎？」指導教授睜大了眼睛看著我，完全想不到我會婉拒這個大家搶破頭的機會。當時我的理由是說：「我想離開學校，試著到外面去求職……」

「好吧！那我先把話說在前面，如果你還是執意要去找工作，我不會幫你寫任何推薦函！」指導教授的話，讓我一度有些擔憂，再次進入關鍵時刻。

因為那年正是美國最不景氣的時候，不僅很多公司裁員，跟我同時畢業的很多大學生和研究生也找不到工作。更何況，我這個決定是在七、八月，早已錯過三、四月學校舉辦的企業徵才活動。

還是那句老話，我直接進入為何而活的生命面（why do I exist）並且想清楚了，便能幫助我在精神面（how to breakthrough）堅持下去，即使指導教授祭出殺手鐧，最終我還是不為所動。

接著我到學校專門幫學生找工作的單位，問說有沒有到校園徵才的公司的地址，我想把履歷表寄過去，但當時的負責人員直接要我別忙了，原因是有人寫了一百多封履歷都沒得到回應，而且三、四月的徵才活動的擺攤企業也沒有要徵人，只是純粹做宣傳和維持合作關係而已。

情勢看起來不太妙。但幸好對方在講話的過程中，有另一個人跑來，熱心建議我去翻黃頁找一家在學校附近的RCA（美國無線電公司），不妨打電話去問問。

事後我也確實照做，果真馬上獲得面試的機會，不過該公司要找的是半導體人才，並非我的專長，所以我提議把原定隔天的面試改到三天後，利用時間找同學惡補，最後也順利進入RCA 工作。

為什麼我能在經濟大蕭條中順利進入職場？原來該公司當時有個員工離職，部門主管請人資從所有寄過來的履歷表當

中挑選剛畢業的。說巧不巧人資剛好接到我的電話，所以直接叫我去面試，省去他翻一堆履歷的時間；於是我歪打正著地取得了工作機會。因著這個勇敢的決定，往後的職涯道路就全然不同了！

當初若是跟隨著贏在起點的思維，認為學位越高越好，而且別人願意出錢給我唸，幹嘛不唸？那麼後來的我可能就是走進學術界，成為一名教授。當然了，基於個人的努力和責任感，我應該會是一個稱職的教授；但因少了熱情，過程中就只會把教職當工作，不會當成使命去做。

反之，正因為我當初是選擇跟隨內心的熱情，才能夠在進入 RCA 之後，一步步在企業界爬升，最終活出此生的命定（what is the result）。

【反思學習】

你可有想過一個不跟隨大腦，而聽內心聲音的決定，會帶出如此截然不同的結果？所以，若你總是抱怨在做不喜歡的工作，或自認懷才不遇，以上案例有啟發你嗎？

反之，若你正做著很喜歡或得以發揮專長的工作，那又是過去什麼樣的一個勇敢決定，讓你擁有目前的成就感與滿足？

贏在起點的慣性思維（從外到內）
憑眼見、靠慣性 what → how → why → 進學術界
現實面：發生什麼（what happened） —— 系主任幫我申請到全額獎學金，可以直攻博士學位
精神面：如何回應（how to respond） —— 太好了！這是在美留學生爭相搶破頭的機會，立即道謝後簽下合同，皆大歡喜
生命面：為何而戰（why do I fight） —— 把握眼前的機會，沒有仔細探究自己的熱情，以及我真的那麼喜歡唸書嗎？
結果：進學術界成為一個沒有熱情但稱職的教授或研究員。自簽約起的人生都已可看到，所以一點都不偉大、不精采
贏在拐點的超理性信念（由內至外）
進內心、見願景 why → how → what → 進企業界
生命面 ：為何而活（why do I exist） —— 自問：唸那麼多書幹什麼？還有其他選擇嗎？（魄力） —— 為什麼不去找事（眼力） —— 因著熱情的指引，而能看到比自己過去更偉大、更美好的願景（德力）
精神面：如何突破（how to breakthrought） —— 面對不確定的未來及挑戰，雖然膽怯，但要緊跟願景的指引，道謝後拒絕接受（魅力）；考過碩士考試，在企業界找到工作（動力）
現實面：結果如何（what is the result） —— 在經濟大蕭條中，在經歷幾個巧合後順利在 RCA 找到工作
結果：進企業界，落實我的實務、熱情與命定

CHAPTER 3

— ◆ —

專業者，
如何贏在拐點

　　在高度不確定性的「後新冠時代」，贏在關鍵時刻的能力至關重要，在接下來的三章（第 3 至 5 章），將分別以擔任專業者、經理人、領導者時的職場經歷，作為案例分析，協助大家理解在面對困境時，選擇「從外到內」或是「由內至外」出發，在現實面、精神面和生命面這三個層面，分別會帶出什麼不同的結果。

　　但無論是專業者、經理人或領導者，都如同圖 1.3 所示，在工作中會經歷到「關鍵時刻」，此時若能聽從內心的指引，善用扭轉五力，便有機會走向上行之路，至於要怎麼做，後續章節中也會一一分析。

　　世界上的職位種類繁多，可能有幾百種甚或幾千種，但從職能來分，不外就是專業者、經理人、領導者三大類。

　　「專業者」或是執行主管交辦的任務（如會計師、工程師等），或是擅長某項本事的專家（藝術家、運動員），取勝之道

在於個人的專業能力。

在術業有專攻的前提之下，專業者要做得好，在崗位上屹立不搖、不會輕易被取代，擅長的本事通常要有過人之處。放眼我們生活周遭，設計師或是教會裡的傳道，也是屬於專業者。

	專業者（專業力）
主要專注	執行任務
如何取勝	靠天生本能加後天事業的知識及經驗： ・找到定位 ・獨門本事 ・無可取代 ・值得信任
可能行業	藝術家、運動員、研究者、設計師、銷售員、工程師、軟體師、傳道士、學生……
球隊角色	射手、控球員、前鋒、後衛，但不是隊長

接下來在本章當中，我將分享從研究所畢業後，進入公司擔任專業者階段的職場故事，並將其規畫成一則則的案例，也鼓勵大家用此工具，整理過去成功或失敗的經歷，在反思中勇敢走向未來。

【觀念更新】

在此之前，你是否曾經以「專業者、經理人、領導者」這三大類，來定位自身的工作型態和職涯階段？

捨面子、得本事，找到設計的熱情

如同多數人，剛踏入社會還是菜鳥階段時，總是會對一些厲害的前輩既敬畏又害怕，我那時候也是。

剛進 RCA 當工程師時，設計部門的經理 Michael 雖是掛設計部門主管，但技術能力超強，比製程的經理懂製程，比測試的經理懂測試，所以常常在開會時公開嗆聲其他部門，導致大家對他敬而遠之。但再難的問題，最後都是靠他帶領大家解決。

或許是新進人員的關係，我一度也成了他找碴的對象，時不時就會跑來考我一堆問題。我被問倒了，試圖拿出紙筆來套公式解題，他見狀便直接把我手上的紙抽走，說「光講理論是解決不了實際問題的」。

他甚至曾經多次不留情面地批評我說，都唸到研究所畢業了，竟然最基本的歐姆定律（電路學最基本的學理）都不懂！讓我只要一見到他就想逃，心想自己怎麼這麼倒楣，竟然被他盯上，每天上班的壓力都超大的。

【情境體驗】

若是你在菜鳥階段時，頻頻被資深前輩找碴，甚至不留情面地當眾批評，你會作何反應？

但就在連續逃了兩個禮拜之後，我突然從慣性思維的現實面（what happened）困境切換到為何而活（why do I exist）的

生命面思考當前的處境。內心開始有個聲音反問我說：「他不是全公司技術上最厲害的人嗎？既然我現在什麼都不會，又很想學本事，為什麼不找他學呢？」

如此帶出來「如何突破」（how to breakthrough）的精神面思考，我開始從被動逃避轉而主動向他求教。但老實說，起初真的很難，因為每次跟他談就會被數落或否定，導致自信蕩然無存。

奇妙的是，每當我想要打退堂鼓時，內心的聲音又會激勵我說：「不要忘了！你是要去跟他學本事！」於是，我就又持續採取突破態勢，一步一步地從他身上吸收專業技能。最後成就的現實面（what is the result），完全超乎我所料。

來來回回跟 Michael 談了九個月，他不僅對我越來越熟悉，似乎也慢慢發現我的學習潛力，有天竟然主動跑來跟我說，他已經跟大老闆講好，說我這樣子的人才留在產品部門太可惜了，決定把我調去他的設計部門。

先前換了三個工作還找不到喜愛職務的我，調到設計部門才發現自己的熱情是在做設計。相較於其他部門著重在技術，設計部門還講究藝術，需要左、右腦兼備，所以進入設計部門讓我如魚得水，也自此開啟成為設計專家之路。

【反思學習】

若是改從內心的層面出發，遇到被資深前輩找碴或刁難的情境時，你會勇敢接招，甚至主動出擊嗎？

贏在起點的慣性思維（從外到內）
憑眼見、靠慣性 what → how → why → 能躲就躲
現實面：發生什麼（what happened） ——受批評、被鄙視、不受尊重 ——內心不爽、壓力大
精神面：如何回應（how to respond） ——能迴避就迴避
生命面：為何而戰（why do I fight） ——不理他
結果：他是公司器重的經理，當時景氣不佳，我很可能因他跟大老闆的建議之下被迫離職

贏在拐點的超理性信念（由內至外）
進內心、見願景 why → how → what → 面對現實
生命面：為何而活（why do I exist） ——我不是很想要有所作為嗎？（魄力） ——他可以讓我學到最好的本事（眼力） ——生命面清楚了，就能看到更真實的自己（德力）
精神面：如何突破（how to breakthrough） ——為了學本事，即使很難還是願意脫下自我的假面具（德力） ——主動求教，不恥下問（魅力） ——勇敢接招，勤於操練（動力）
現實面：結果如何（what is the result） ——從未想到九個月後被調到電路設計部門
結果：將壞事轉為好事，找到設計的熱情，做自己生命中的貴人

本事要學就要學通，先深再博成為專家

初入職場，切忌眼高手低、好高騖遠，唯一要務是強化專業能力，其他皆屬次要；若要強化專業能力，就應以成為某特殊領域的專家為目標，但邁向此一境界前，應先深再博（從內到外）抑或先博再深（從外到內）？卻困擾諸多職人。在我看來，唯有先深方能再博，這是步步高升的康莊大道，一但先博就不容易再深，費時費力也無法持續前進，是葬送無數職人寶貴時間的死巷。

當我們在學一個專業時，不要只是膚淺地學會做，更要學到精通，藉此培養出將知識轉變為解決問題的能力。如此，專業能力才能從膚淺逐步累積為深厚、精湛；先質變而後量變，精通一項專業後再學習其他專業，將更快得心應手。

擁有這樣的能力之後，最大的好處是當無法運用過往專精的知識來解決跨業的棘手難題時，腦海中會有似曾相識的「直覺」突然蹦出來，幫助我們抓到核心，最後使問題迎刃而解。

但要從一個好的專業者，進化成為專家，務必先做出下列這些先深再博的轉換：

(1) 做事態度：從交差了事轉為解決問題

所謂交差了事就是面對老闆分派的工作，只是被動地去執行，完成以後也不主動回報，這就是「辦差事」的心態。轉換態度的意思是，要用「解決問題」的態度來取代交差了事，面對公司永遠解決不完的問題，都要主動想辦法解決。

(2) 學習方法：從被動受教轉為主動求教

要勇於改變學習方式，跳脫傳統的學習模式，即使沒有老

師也要自己找資料、主動請教有經驗的同事，或者從工作、e-mail、與同事的討論過程中用心學習，這樣才能學得快，甚至學到許多跨部門的知識。

(3) 表達方式：從被動回答轉為主動建議

一般人有個錯誤的觀念，認為只要「把事情做好就是完成了」，其實更重要的是過程中發揮的影響力。意思就是在做事的過程中，看到或想到更好的方法，提出的建議也對公司有益，這就叫影響力，也是主動的建議。老闆不會滿足於員工只是把事情做成，更注重他會不會主動提出建議，讓公司或部門越做越好。

(4) 與人互動：從在不如己者前吹噓轉為向勝己者請益

千萬不能自滿地在不如自己的人面前吹噓自己有多麼的厲害、自己做得多好，而是要不滿於現況，虛心向比自己強的人請教，這是非常重要的。

(5) 學習專業：從膚淺會做轉為深入學通： 如此從內到外才能逐步累積成深厚且精湛的技能！

【反思學習】

你在學習一門專業的過程中，追求的目標是完成任務即可？還是藉此學通本事？若是後者，你是如何辦到的？

要有勇氣走在時代的前沿

在 RCA 時，我積極求教及不斷累積本事，僅僅兩年時間就具備了晉升為中級工程師的資格。

當時一切看似完美。直到有天，我在 RCA 圖書館翻閱《華爾街日報》，看到記者報導 RCA 業績和影響力都逐漸下滑的新聞，起先我沒在意，但不久我的內心就意識到必須盡快找出應變之道。

生命面清楚了，精神面就要突破。我決定開始尋覓新的方向，因而發現數家新興企業（如英特爾、德州儀器）的記憶體元件，都以更先進的 MOS 製程取代傳統的 Bipolar 製程，這代表半導體產業革命已近在眼前；像 RCA 這樣的老公司，很快就會被淘汰。

事不宜遲，在 RCA 做滿兩年我就離職了。並於 1976 年，透過獵人頭公司的穿針引線，從美國東岸紐澤西州，舉家南遷至德州達拉斯，加入新創企業 Mostek。Mostek 匯集了當時最頂尖的記憶體芯片設計師，有利於學習最新的 MOS 技術。

果然不到幾年的時間，英特爾、德州儀器便躍居電子產業巨擘，獲利遠超過 RCA，證明我當初的趨勢判斷正確（現實面），勇於走在時代前沿的職涯規畫也是對的！

【反思學習】

面對產業技術的革命，你有評估和預測的能力嗎？願意為了學習新技術，而面臨工作和生活的重大變動嗎？

贏在起點的慣性思維（從外到內）
憑眼見、靠慣性 what → how → why → 得過且過
現實面：發生什麼（what happened） ——我工作的 RCA 成了二流公司、我學的專業是夕陽技術
精神面：如何回應（how to respond） ——在這裡剛要展現我的實力，要放棄機會嗎？
生命面：為何而戰（why do I fight） ——只要能晉升到中級工程師，就可以有自己的一片天、產業變化影響不到我
結果：一步慢、步步慢，職涯已不在自己掌握中；未來將可能四處碰壁、每況愈下

贏在拐點的超理性信念（由內至外）
進內心、見願景 why → how → what → 時代前沿
生命面：為何而活（why do I exist） ——不甘於在業務退滯、技術落後的公司工作（魄力） ——為什麼不去找最新技術、加入新興公司呢？（眼力） ——因著內心渴望的指引，而能看到在現實面及精神面看不到的盼望，決定離去（德力）
精神面：如何突破（how to breakthrough） ——找獵人頭公司、做好面試（動力） ——為了學習最新的 MOS 技術，毅然決然從美國東岸的紐澤西州，舉家南遷至德州的達拉斯，加入剛創立不久的 Mostek（魅力＋動力）
現實面：結果如何（what is the result） ——從紅海進入藍海，為往後二十年的發展樹立里程碑
結果：不斷開發職涯的藍海，並領悟「走在時代前端」的工作原則 ——時代的巨輪永不停止，也絕不等待任何人 ——切忌埋頭苦幹，而是要抬頭苦幹

找到定位點：職業生涯的突破口

回顧專業者的生涯，我先後遇到了四個貴人，其中三個都是「逆境貴人」，也就是一開始是給我苦頭吃，後來因著我從為何而活的生命面開始思考，繼而做出突破性的回應，才帶出「化阻力為助力」現實面的結果。

但接下來提到的這位 Dennis 就不一樣了，他是這四個貴人當中，唯一一個從我加入公司就對我很好的老闆。

先前提到，為了學習最新的 MOS 技術，我從 RCA 跳槽到 Mostek，參與領先全球同業的 8Kx8 NAND ROM 電路設計。當時的上司 Dennis 人很好，也很願意手把手地教我怎麼設計，一點都不藏私；只不過他太忙了，每天只能撥半小時的時間給我。出於善意和體貼，Dennis 也允許我可以早點下班回家陪剛出生的女兒。

【情境體驗】

如果你像筆者一樣，為了學習一門新技術而跳槽，但新公司的主管很樂意教導、只是時間有限，這時你會怎麼做？

起初我真的提早下班回家陪女兒，但才兩天內心就有聲音提醒說：「不行，我來這邊是要學新技術的。」

我開始發想可以採取什麼突破方式，既能幫上司分憂解勞又能讓自己不斷學新技術？後來想到了，Dennis 不但要花腦

筋設計電路，設計之後還要花時間做模擬測試。面對一連串的繁瑣工作，若是有人幫忙，他肯定很開心。於是我主動提議可以協助、甚至獨立操作晶片的模擬設計。

讓我始料未及的是，透過不斷操作「晶片模擬設計」技術，不僅讓我成為這方面的熟手，也對這晶片有了系統性的認知。

通盤學習到整體的運作之後，我積極與其他部門交流，深入了解不同部門的立場與關注點，過程中學到許多跨部門專業，也因此厚植人脈，奠定擔任經理人的基礎。當時學通的「晶片模擬設計技術」，自此成為我職業生涯中的定位點。

從中級工程師到高級工程師，是我找尋職場定位及建立核心專長的時期。那段時間與 Dennis 共事，不僅每天有很多事情做，他也願意花更多時間跟我討論互動。漸漸地，在做模擬測試中，我逐漸邁向專家之路；最後，我們還一起完成世界級規格的電路設計，成為日後履歷表上很重要的亮點。

【反思學習】

現在的你是否已經找到工作上的定位點，若有，是如何找到的？若無，筆者分享的自身案例，帶給你什麼樣的啟發和學習？

贏在起點的慣性思維（從外到內）
憑眼見、靠慣性 what → how → why → 樂得輕鬆
現實面：發生什麼（what happened） ——上司人很好，手把手地教我怎麼設計，但他很忙，沒有太多的時間來督促我 ——並暗示我可以早點下班，多陪陪剛出生的女兒
精神面：如何回應（how to respond） ——雖然想學新技術，但上司指導時間有限 ——既然不太忙，可順理成章提早回家陪女兒，做自己的事
生命面：為何而戰（why do I fight） ——因著女兒出生，可以暫時安逸些
結果：浪費好運，無法將此好運轉化成十倍、百倍的回報

贏在拐點的超理性信念（由內至外）
進內心、見願景 why → how → what → 助人助己
生命面：為何而活（why do I exist） ——上司懂設計又肯教我，不要放棄這好機會（魄力） ——主動提出讓我獨立幫他操作晶片的模擬設計（眼力） ——因著內心渴望的指引，以及想回報上司的好心，自願付出（德力）
精神面：如何突破（how to breakthrough） ——毫無頭緒、屢次失敗，仍自我激勵前行（魅力） ——學通了模擬設計（動力）
現實面：結果如何（what is the result） ——超乎所知所想，操練電路設計成為自己的核心專長
結果：找到職涯的定位 ——領悟「找到定位點：職業生涯的突破口」的工作原則

內心聲音：最新技術、最難設計

在 Mostek 任職期間，我的目標就是努力學習、主動爭取參與設計，因而真正進入了半導體世界。一年後，與上司 Dennis 設計的 64K ROM 順利量產，也讓我立下大功一件。

好不容易在 Mostek 站穩腳步，我大可跟著 Dennis 做類似的電路設計，但我發現，我們用的雖然是最新的技術，卻是設計最容易的記憶體晶片 ROM，而非最難的 DRAM。

經不住內心聲音的召喚，說：「要去做最新的技術、要去設計最難的晶片」，我便主動向公司提出內調到 DRAM 部門。可惜未能如願。

面對這種情況該如何突破？為了學習更前瞻也更困難的 64K DRAM 技術，我再次聯繫獵人頭公司的朋友，在他的穿針引線下，1977 年我選擇離開舒適圈，從達拉斯搬到奧斯汀，加入摩托羅拉半導體部門，從事 64K DRAM 的電路設計。

【反思學習】

當你已經在一家公司站穩腳步並且找到工作定位，還會想挑戰更前瞻、卻更困難的新技術嗎？

贏在起點的慣性思維（從外到內）
憑眼見、靠慣性 what → how → why → 守住成功
現實面：發生什麼（what happened） ——設計出 64K ROM 後，得知 64K DRAM 才是最難的
精神面：如何回應（how to respond） ——剛做出點成績，需要去碰更困難的 64K DRAM 嗎？
生命面：為何而戰（why do I fight） ——剛立下大功，先收割努力的成果
結果：遇到困難不去挑戰，走向庸碌的開始
贏在拐點的超理性信念（由內至外）
進內心、見願景 why → how → what → 勇於突破
生命面：為何而活（why do I exist） ——為什麼不去做「最新的技術，最難設計的晶片」？（魄力） ——想要挑戰自己去設計最先進的 64K DRAM（眼力）
精神面：如何突破（how to breakthrough） ——請求內調不成，決定離開（魅力） ——請獵人頭公司協助尋找新的工作，繼而面試並加入摩托羅拉半導體部門（動力）
現實面：結果如何（what is the result） ——找到又新又難的 64K DRAM 工作
結果：傾聽內心的聲音，開啟往後難以想像的職涯機會

情緒管控：16K DRAM 量產英雄

　　如同上一章提到，研究所時到工廠報到的第一天，我就被公司告知離職工人不走了，原先應徵的職缺沒了；跳槽到摩托羅拉時也一樣，第一天報到就接到震撼彈。

　　應徵時就已說好，加入摩托羅拉是要設計 64K DRAM。沒想到上班第一天，設計部經理告訴我，前一代的 16K DRAM 還生產不出來，所以 64K DRAM 的開發暫時擱置，還希望我能加入協助 16K DRAM 的生產。

　　初聞這個消息，讓我有種被騙的感覺，心想既然如此，為什麼面試時不講呢？當下第一個反應就是「想走人」。

　　但稍作冷靜以後，內心有個聲音告訴我，「事情有那麼糟嗎？既來之，則安之。或許在摩托羅拉先從將要量產、較成熟的 16K DRAM 產品切入，日後會比較容易上手。」於是，我開始運用之前學會的模擬測試專長，很快就找出無法量產的癥結所在。

　　我照他們給我的電路做模擬測試，因為已是這方面的專家，所以在很短的時間內就發現是設計出了問題，也向公司提出這一點。經過修正，16K DRAM 馬上進入量產，替公司賺很多錢。

　　甫上任兩個禮拜，便順利協助 16K DRAM 量產上市，讓我在摩托羅拉一戰成名。爾後，不僅每個人都覺得我好像很厲害，公司還將我從中級工程師升為高級工程師，64K DRAM 的設計也立即啟動。

贏在起點的慣性思維（從外到內）
憑眼見、靠慣性 what → how → why → 情緒失控
現實面：發生什麼（what happened） ——16K DRAM 量產有問題，公司希望我能提供協助，導致 64K DRAM 暫緩開發
精神面：如何回應（how to respond） ——情緒立馬從高山跌落谷底，並且有被欺騙的感覺，因為一時衝動而想要走人
生命面：為何而戰（why do I fight） ——因情緒衝動，有被欺騙的感覺
結果：只因衝動想走，卻不知接下來要去哪兒

贏在拐點的超理性信念（由內至外）
進內心、見願景 why → how → what → 情緒管控
生命面：為何而活（why do I exist）？ ——事情有那麼糟嗎？既來之、則安之，先放下自己，盡己之力幫助公司（魄力＋德力） ——看到先從解決即將量產的 16K DRAM 學起的機緣（眼力）
精神面：如何突破（how to breakthrough） ——調整情緒（魅力＋德力） ——把剛學通的晶片模擬設計技術用在 16K DRAM 的測試上，非常專注努力地工作兩個星期，居然發現是設計部門在溝通上出差錯（動力）
現實面：結果如何（what is the result） ——產品順利量產，成為 16K DRAM 的量產英雄 ——被拔擢為高級工程師，啟動 64K DRAM 的設計
結果：量產英雄 ——記住「失控情緒」是人脈殺手！

【反思學習】

　若是你所處的公司，不但無法兌現應徵時談好的新領域工作內容，還要求用之前的專業即時協助公司面臨的困難，讓你有被騙的感覺。這時，你會如何管控自己的情緒？並且控制住想離職走人的衝動？

加入 Intel 成為經理人

　　雖然幸運在摩托羅拉成為 16K DRAM 的量產英雄，但代價就是得罪了公司設計部門的大紅人 Jerry；因他對我的成見，自然就成為公司組織裡一個專門針對我的「意見領袖」。

　　儘管 16K DRAM 的設計出錯是 Jerry 的問題，但被剛來的下屬指正，心裡難免不是滋味。偏偏 64K DRAM 的專案啟動後，又是 Jerry 負責帶我，在他的刻意切割之下（把設計一分為二，他設計前端，我設計後端），彼此就自顧自地工作，他也對我不理不睬。

【情境體驗】

　若是你像筆者一樣，被安排與上司合作一項重要計畫案，過程中隱約感受到對方的敵意，你會如何因應？

因為他對我冷處理，我只好不卑不亢地獨立自主工作，加快學習的腳步。但凡因不溝通而造成兩造設計、製圖、製程模式的分岐，至終都由我修改收尾。如此忍辱負重地逆向操作，最後不但保持住我們之間互敬互重的關係，也讓我對 64K DRAM 的整體設計有了更清晰的認知。

64K DRAM 從設計走到量產，時程往往取決於設計時間的長短，以及製程技術是否能同步跟上，所以當全世界其他半導體公司在一邊忙著設計、一邊忙著提升製程技術，蠟燭兩頭燒的時候，我們就主動跟公司的製程部門談：「你們只要提升半代就好（製程技術要提升到新的一代，需花費一年半的時間），我們用設計的長處來彌補製程做一半的差距。」

因著「原創的設計」加上「微創的製程」的策略奏效，原先在這一塊遠遠落後的摩托羅拉，最後反而先馳得點。

我們設計的 64K DRAM 不僅順利在十二個月後量產，讓摩托羅拉躍升成為全世界第一家量產的公司、賺進巨額營收，媒體更是爭相報導。而我在半導體業聲譽鵲起，後來還被挖角到 Intel 擔任經理人，進到我嚮往已久的一流企業。

【反思學習】

面對上司的刻意切割和冷落，你會選擇只顧小我？還是成全大我？兩者會帶出什麼不同的做法？

贏在起點的慣性思維（從外到內）
憑眼見、靠慣性 what → how → why → 只顧小我
現實面：發生什麼（what happened） ——得罪 Jerry，彼此關係不和諧
精神面：如何回應（how to respond） ——上司不理我，我也意氣用事，工作關係變成只競爭不合作 ——他是上司，出事了他還是得負責
生命面：為何而戰（why do I fight） ——情緒主導，以牙還牙
結果：只顧小我、沒有大我，兩敗俱傷

贏在拐點的超理性信念（由內至外）
進內心、見願景 why → how → what → 成全大我
生命面：為何而活（why do I exist） ——顧全設計，願意善後收尾，因而有以下的看見（德力） ——雖然起步較晚，但抱持著後來居上的雄心（魄力） ——為了先馳得點，用原創的設計、微創的製程的策略（眼力）
精神面：如何突破（how to breakthrough） ——識大體、忍辱負重（魅力） ——既競爭又合作，互相尊重（動力）
現實面：結果如何（what is the result） ——做出世界上第一的 64K DRAM ——Jerry 催逼出了我獨當一面的設計能力，Intel 使盡全力挖角
結果：成為經理人 ——找出你的成事幫手和敗事殺手 ——成事者總能在一般人最想不到的地方找到資源，得到助力

—◦—

CHAPTER 4

經理人，
如何贏在拐點

　　恭喜你！當你能夠從專業者晉升到「經理人」，代表你不僅具備專業能力，管理的能力亦受到肯定。

　　「經理人」的主要工作在管理任務，而非執行任務，過程中要管理的人可多可少，但執行什麼任務基本上仍是由上級決定。當上級訂出任務目標，就會提供經理人所需的人力和資源把事情做成，而這也就帶出了經理人與專業者的主要差別在於──經理人開始帶人。

　　一個傑出的經理人，除了要具備專業知識之外，更重要的是要有「帶好人（魅力）、做對事（動力）、得信任（德力）」的能力。廣義來說，各行業的各級經理人，像是經理、總監、副總裁，或是教會裡的牧師，都算是經理人的範疇。

	經理人（執行力）
主要專注	管理任務
如何取勝	除了專業知識及經驗之外，還必須擁有： ·帶好人：能激勵人心的魅力 ·做對事：能執行的動力 ·得信任：具有感召他人的德力
可能行業	各行業中的各級經理人，像是經理、總監、副總裁、營運長、牧師、家庭主婦
球隊角色	場內的隊長

在本章當中，我將以個人在美國從事半導體業的經驗為例，分別運用「區分原則」、「木桶原理」、「草船借箭」這些概念來剖析自身案例，故事的先後順序是依據當時發生的時間序。

天不時、地不利、人不和的突圍達陣

因著在摩托羅拉立下「僅僅 12 個月就讓 64K DRAM 量產」的戰功，我如願進入英特爾擔任經理人，就此揭開管理者的生涯。

職場走到這裡，看似迎來美好階段，實際上卻是另一個更大挑戰的開始。因為進到英特爾以後我才發現，自己碰上了一連串天不時、地不利、人不和的事情。

首先，當時的英特爾不論是工程師或各級管理階層，都來自頂尖大學的佼佼者，公司文化崇尚對外也對內競爭，所以新進人員在一年內的離職率超過三分之一。想當然耳，當我以空

降部隊之姿進入英特爾當經理人，勢必引起內部的敵視。我雖有心理準備，但沒想到的是，上任不到一個禮拜老闆的老闆就找我談話，告知我「負責的專案已經落後三個月」。

當下我不解，問說：「我才剛來一個禮拜，怎麼會說專案已經落後三個月？」沒想到大老闆的回答是：「我們公司很講紀律，這個計畫三個月前就該啟動，但一直找不到人，所以你一來就少三個月了。」

我事先就知道英特爾是一個非常競爭又有紀律的工作場域，但萬萬沒料到會到這種程度，而且各方面的衝擊接二連三來到。

幾天後，有十幾名員工到我的部門報到，起初我還很高興，以為公司很重視這個計畫，才會調兵遣將全力支援。打聽後才得知，這十幾個人雖然各有所長，但個性皆執拗難馴，盡為英特爾其他團隊的棄將。因此在他人眼中，我帶領的 i-RAM 團隊是比雜牌軍還不如的烏合之眾。屋漏偏逢連夜雨，在英特爾已經四面楚歌，我又因花粉過敏腦子昏昏沉沉的。

和大老闆談話後的兩個月，按照公司規定需要做設計評估（design review）。在這麼多不利因素下，可想而知評估結果一定是很糟的！我們被敵視的各方批評地體無完膚，甚至有人提出取消這項目的建議。底下十幾位員工見苗頭不對紛紛求去，導致我自己也信心動搖。

在這個過程中，老東家摩托羅拉一直沒有放棄遊說我回鍋，讓我一度非常心動，心想雖然進入英特爾是我的夢想，但接連碰到的工作困難、身體困難、人事困難，似乎都在逼著我

回到原來的舒適圈。

　　進退兩難之際，某日，我突然覺得不能再一直搖擺不定，必須強迫自己做出決定，便跟摩托羅拉約定說：「下禮拜天的下午五點鐘，我會給出明確的答案。」但直到當天的四點四十五分，我都還沒辦法做決定，一直在家中的長廊來回踱步，不知該如何是好？

　　時間一分一秒流逝，最後一刻我才突然靈光乍現，內心出現一個聲音反問說：「英特爾不是你內心一直嚮往加入的公司嗎？而且當初要跳槽到英特爾時也向神禱告過，內心很平安。既然如此，為何我不相信自己可以做到呢？」

【情境體驗】

當你跳槽後發生一連串天不時、地不利、人不和的事情，因此陷入內外交迫的景況，你會選擇留在新公司繼續堅持下去，還是回鍋到不斷向你招手的原公司（舒適圈）？

　　當我從 why do I exist 的生命面切入，突破性的做法（精神面的 how to breakthrough）也跟著到來。

　　團隊中，有位麻省理工學院博士，他與我討論過使用 CVS（Circuit Verification System，電路連接印證系統）的可能性。他的博士論文主題就是 CVS，是用電腦來幫助 IC 設計驗證「設計連接對不對」的應用軟體。他在英特爾「推銷」CVS 卻處處碰壁，大家都不肯冒險，起初我也並不看好。

但我在進入生命面的探問後，雖然明知採用未經產品證實的 CVS 是巨大風險；但若做成，便可將產品驗證時間由十二個月縮短為六個月，可彌補研發專案已延遲的劣勢。因此即使不少團隊成員反對，基於「區分原則」的思考，在與團隊仔細研議 CVS 的可行性後，我還是決定放手一搏。

何謂區分原則？

在職場歷練數十年，我深刻體會到，若想成為他人眼中的天才，就要認識且有效實踐「區分原則」。

愛迪生曾說：「天才是 1% 的靈感，加上 99% 的汗水。」對於這句話我的理解是：要先在職場或專業領域中，尋找自己特殊的 1%，去做讓自己內心激動的順手事（what makes your heart tick）找到自己「唯一」的專精之處後，再重強避弱地用 99% 的汗水去強化，奮鬥不懈地朝著目標努力，最後就會做到「第一」，成為他人眼中的天才。

再舉個例子大家就更清楚了！當我們想在牆壁敲打出一個洞，必須先準備一支「尖」的釘子以及一把鎚子，在敲打的過程中，釘尖就如同 1% 的靈感，不斷朝釘子使力的槌子則象徵 99％ 的汗水，當我們把所有的力量集中在一個點上，便容易突破阻力。

無論是個人或企業都有其強處跟弱點，運用區分原則來「重強避弱」指的就是：應儘量將強處擴大至極致，而且無須過度關注弱點，更不必被弱點侷限，這也符合軍事學原理。唯有根據自身優勢，選擇有利於己的作戰時間與戰術，才可提高

獲勝機會。「棄強補弱」是失敗之始。

在大自然的規律裡，沒有任何一隻烏龜可以跑得過兔子的；如果有老師或家長看到「龜兔比賽」這個故事時，應該是提醒小孩不能只靠努力：因為不是每一隻兔子都這麼驕傲和懶惰的，同時更要點明烏龜不應該答應與兔子比賽跑步（而是建議兔子來比賽游泳），這樣就是在教導孩子分析自己的優勢和弱點，而且懂得不要小看了自己和別人。

【觀念更新】

你之前曾聽過「區分原則」這個概念嗎？是否能理解或接受「重強避弱」這種逆向操作的方式？

藉由「區分原則」，讓我在英特爾擔任設計經理時，克服了猶如十面埋伏、命懸一線的困境，並樹立起職涯的新豐碑。

根據區分原則，CVS 正是 1% 的靈感，更可讓 i-RAM 團隊的設計與其他競爭設計團隊進行明顯的區隔，雖是孤注一擲，我毅然決定嘗試。

當我決定採用 CVS 之後，便開始帶領 i-RAM 團隊以先避弱而後重強的方式邁向成功。所謂的「避弱策略」，是以其他團隊已經研發出來成熟的 64K DRAM 為基礎，讓我們大幅縮短研發時間，「重強策略」則是全力專攻 i-RAM 所需的特殊邏輯電路。

至今我還記得，第一次驗證 i-RAM 時，英特爾實驗室人

山人海，但多數人是抱著「看好戲」的心態。當 i-RAM 順利通過測試，先是全場鴉雀無聲，之後有人提出異議，眾人激辯後決定由各團隊抽調資深成員重新進行測試。

三天後再次確認，測試結果無誤。

兩個月後，i-RAM 便進入量產準備階段，比原訂時程提早約四個月。從延遲三個月到變成提早四個月完成，這樣的逆轉不僅跌破眾人眼鏡，也讓 i-RAM 團隊被譽為英特爾的英雄，所有成員皆獲得應有的獎賞，CVS 也正式納入全公司的設計流程之中。我也收到執行長安迪・葛洛夫（Andy Grove）的親筆道賀信。

i-RAM 帶給我的殊榮不僅於此。1982 年我在全球極具影響力的 ISSCC 論壇（International Solid State Circuit Conference）發表了 8Kx8 i-RAM 的論文，驚豔業界。同年，i-RAM 獲美國《Electronics》雜誌推崇為「最佳產品設計」；爾後，英特爾集結最優秀的團隊，指派我主導研發公司最重要的產品（256K CMOS DRAM）。

1983 年我再次在 ISSCC 論壇發表全球首篇有關 256K CMOS DRAM 的論文，再次震撼業界。1984 年在 i-RAM 出貨上百萬個產品後，公司頒發給我「i-RAM 之父」的獎狀。

綜觀研發 i-RAM 的經驗和解決問題的過程，證明了即使天不時、地不利、人不和，只要善用「區分原則」並「贏在拐點」，還是有可能反敗為勝的。而這段經歷亦成了我日後擔任高階經理人及晉升企業家的重要基石。

贏在起點的慣性思維（從外到內）
憑眼見、靠慣性 what → how → why → 繞道而行
現實面：發生什麼（what happened） ——敵視的環境，被刻意邊緣化 ——才到公司一星期，就被通知專案進度落後三個月 ——團隊成員是一群烏合之眾 ——健康欠佳 ——design review 結果很慘，團隊軍心瓦解、各找出路 ——老東家摩托羅拉催促我回鍋
精神面：如何回應（how to respond） ——天不時、地不利、人不和的壓力下，回摩托羅拉是上策 ——或留下來，靜觀其變，猶豫不決
生命面：為何而戰（why do I fight） ——因情勢所逼，很想回摩托羅拉這個舒適圈
結果：走回頭路，雖然熟門熟路，但一點都不精彩
贏在拐點的超理性信念（由內至外）
進內心、見願景 why → how → what → 破釜沉舟
生命面：為何而活（why do I exist） ——你不是很想加入英特爾？很期望做經理人？你就甘心接受他人對你及團隊的嘲笑（魄力） ——來英特爾之前的禱告不是很平安嗎？為什麼不相信自己？（德力） ——為什麼不用 CVS 第一次就做對，以扳回落後的三個月？（眼力） ——因回到內心深處，而能看到比整個團隊所處現況更大、更遠的願景及盼望（德力）

精神面：如何突破（how to breakthrough）
——仔細研議 CVS 的可行性後做出果斷的決定（動力＋魄力）
——幫助不願意留下的部屬轉換到其他部門（德力）
——藉著與部屬做一對一的溝通，方能做到按才授職（魅力）、分工授權（動力）

現實面：結果如何（what the result）
——內心從焦慮轉為平安
——實證 CVS 一次就做對的區分原則
——Andy Grove 的親筆道賀信
——榮獲 i-RAM 及 256K CMOS DRAM 的論文及獎狀肯定

結果：i-RAM 之父，論文及獎狀肯定超乎所求所想，並建立起未來高階經理人的基石

【反思學習】

面對天不時、地不利、人不和的關鍵時刻，你會懷疑自己當初的選擇嗎？「區分原則」可以如何幫助你？

借力使力，扭轉乾坤

在英特爾打了一場漂亮的勝仗之後，雖然我因此贏得公司高層的肯定，旗下的精兵也越來越多，無奈還是敵不過產業競爭的現實。

英特爾記憶體元件的業務，因為被六家日本半導體公司圍攻，業績越來越差，開始轉型幫 IBM 做個人電腦的微處理器，導致有段時間我們部門想做的新產品都被迫停擺，但當時

卻不知道原因是什麼（轉型之事屬公司機密）。

在有志不得伸的情況下，加上老東家鍥而不捨地召喚，在英特爾完成階段性任務後，我選擇回到摩托羅拉，也一步一步往上爬，不久後就坐上了技術副總裁的位置。

當時帶領摩托羅拉記憶體工程部門，不僅戰力堅強、設計團隊傲視群倫，產品的設計、品質、穩定度也深受客戶肯定，唯獨就是市占率偏低，原因是摩托羅拉的半導體製程技術遠遠落後日本競爭對手超過兩年：蕊片尺寸過大、成本及耗能都偏高的情況下，自然缺乏市場競爭力。

公司連年虧損、部門間嚴重對立。工程部經理指責製程部是害群之馬，製程部經理則是兩手一攤，表示已竭盡所能，且因公司過往投入的資源有限，數個有機會「起沉痾、療絕症」的研發案也無疾而終。

根據「木桶原理」，製程部門是摩托羅拉競爭力最短的木板，而設計部門是最長的木板。身為工程部門的主管，對於設計部門屢遭製程部門拖累，又得知幾位優秀的設計經理準備掛冠求去，若不做些什麼來力挽狂瀾，將嚴重危及我的領導威信，但該如何協助公司脫離製程落後的泥淖，令我甚為苦惱。

直至 1990 年初，參加一年一度的 ISSCC 論壇，事情才終於出現曙光。

論壇當天的午餐時間，一位日本半導體研發部門總監主動向我遞上名片，表示他們已經觀察摩托羅拉半導體記憶體元件的設計很久了，希望彼此可以在技術上做交流。也就是說，他們願意支付一筆龐大授權金，向我們取得記憶體元件設計的專利及指導。

　　聽到自己帶領的部門受肯定，內心自然是喜不自勝，但在此關鍵時刻，我被長期深陷的業務瓶頸拉回到現實。經過短短的反思，腦中突然靈光閃現，構思出「截長補短」的合作方案。

　　我回覆那位研發總監說，摩托羅拉可以授權部分半導體「設計」專利，亦同意技術交流，但條件是他們也要授權「製程」專利給摩托羅拉，且因為這是技術對技術的交換方案，故雙方都可免支付授權金。

　　對方覺得這個提議很有創意，但茲事體大，我們兩個人都必須先取得總公司的同意，方能往下進行。後續發展一如預料，摩托羅拉內部不僅高層各持不同意見，設計部門和製程部門起初也都持反對意見，設計部門認為這樣等同把辛苦研究的成果拱手讓人，製程部門則認為我無權干涉他們的業務範疇，最後搞得我裡外不是人。

【情境體驗】

　　若是你像筆者一樣，面臨部門之間互相指責對方的不是，而你又身兼力挽狂瀾的重責大任，遇到一個新的合作契機，你會答應嗎？面對公司內部的反對聲浪，你會如何凝聚共識？

　　費了好大一番功夫，好不容易整合公司內部意見之後，又隨即面臨到與日本半導體公司的談判困難。簡而言之，摩托羅拉和日本半導體公司算是市場競爭者，彼此要針對各自強項做

專利交換，需要很強的互信基礎，所以談判的過程中歷經許多的磨合，費時將近一年才總算圓滿地完成雙方的任務。

事實證明，摩托羅拉採用這個合作方案是對的，因為讓我們如虎（設計）添翼（製程）。數年後，當我升任FSRAM（Fast Static RAM）事業部全球總經理時，我所帶領的事業部的市占率能從先前的全球第六名，躍居全球第一名，並從巨額虧損變為巨額盈餘，除了原本強勢的設計，還必備先進的製程，顯見此次交互授權的技術合作案居功厥偉。

何謂木桶原理？

你渴望在職場成為管理階層嗎？那麼就要時時謹記「木桶原理」。

木桶原理是指，一個木桶若用不同長度的木板組成，其木桶的容量並非取決於最長的木板，而是取決於最短的木板，因為水平面與最短木板上緣等齊。若將此一概念運用在個人、部門、企業，乃至於一個國家的發展，便是在說整體勝敗的關鍵在於劣勢，而非優勢。

我注意到，許多社會新鮮人進入職場之初，誤以為職場與校園無異，只要把書讀好，取得優異的成績，自然能獲得晉升；直到有天他們成為頂尖的業務員、工程師等等，卻再也等不到晉升的機會，才驚覺到原來除了專業能力之外，其他的能力（如「人際互動」）同樣不可或缺。

若將能力比喻為木板，在職場上想成為人上人，便需要具備不同種類的木板。舉例來說，已經晉升某個領域專家的人，

贏在起點的慣性思維（從外到內）
憑眼見、靠慣性 what → how → why → 重強棄弱
現實面：發生什麼（what happened） ——我管的部門是贏家，但整體事業部是輸家 ——日本半導體公司提出設計專利的授權請求
精神面：如何回應（how to respond） ——肯定我帶領的設計部門，大力促成此事
生命面：為何而戰（why do I fight） ——設計部門替公司爭取到龐大的授權金，我是最大受益者
結果：公司只得到暫時的滿足，至終所屬企業在不斷虧損後被淘汰出局

贏在拐點的超理性信念（由內至外）
進內心、見願景 why → how → what → 截長補短
生命面：為何而活（why do I exist） ——不滿於業務不振，我要如何扭轉這劣勢？（魄力） ——藉著日方提出的方案，頓悟為什麼不能截長補短？（眼力） ——因回到內心深處，而能看見解決目前困境的根本之道
精神面：如何突破（how to breakthrough） ——對內齊心：對上談判，同級對心，對下安撫（魅力＋魄力＋德力） ——對外智取：在談判上不躁進，努力顧及所有涉及部門及對手的利益（動力＋德力）
現實面：結果如何（what is the resoult） ——促成專利授權合作，創造雙贏，再次印證進入生命面中願景的真實性及關鍵性
結果：如虎添翼 ——幾年後幫助我領導的事業部的市占率，從全球第六名躍升到全球第一，並且大舉獲利

不僅要持續精進專業知識、技術，若想要晉升為經理人，則要找出自己最弱的一環，進一步培養綜合能力，包括管理力、領導力、表達力、判斷力，並縝密地佈建人脈網絡。

一如前述的木桶原理，決定個人成就上限的是最短木板（最缺乏的能力），而非其他較長的木板（最出色的能力）。若是我們遲遲不肯面對或補強最弱的那一環，其他能力再出類拔萃，升遷之路恐將遙遙無期。

當你察覺到個人或企業的成長或競爭力已嚴重受限於劣勢，當務之急並非一味增強「長板」，而是要趕緊補強「短板」，補齊短板的方法有很多，其一就是藉由與他人的合作結盟，截他人的長板來補自己的短板。尤其是，當你身處在不對稱的競爭局勢中，此一途徑是最快能幫助你突破短板限制的方式。

【觀念更新】

你之前曾聽過「木桶原理」這個概念嗎？是否有辦法分辨此與「區分原則」的差異，以及運用階段的不同？

說到這裡，可能你開始感到疑惑，覺得「木桶原理」的邏輯似乎與先前提到的「區分原則」有所矛盾。實際上卻不然！兩者主要的差別在於，適用在職場或企業的不同階段，而且只要搭配得宜，兩者是相輔相成的。

如圖 4.1 所示，區分原則適用於職場或企業的初期，社會

圖 **4.1** 從區分原則到木桶原理

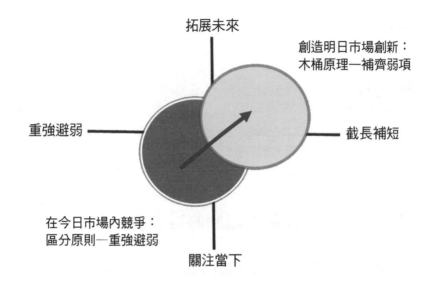

拓展未來

創造明日市場創新：
木桶原理—補齊弱項

重強避弱

截長補短

在今日市場內競爭：
區分原則—重強避弱

關注當下

新鮮人（企業初期）應致力強化優勢，先求精而非先求博，直到成為領域專家（在一個小池塘中成為一條大魚），直到遇上瓶頸之後，再改採木桶原理，從精擴及到博，降低劣勢的負面影響，方可順利推開經理人大門，並成為擅長轉化危機的傑出管理者（再把這個池塘做大，成為大池塘中的大魚）。

區分原則、木桶原理的精妙之處，皆在於創新。區分原則強調的是「從無到有」的原創，也就是從 0 到 1；木桶原理則是「從有到優」的微創，也就是從 1 到 2、3，再到 N。兩者是屬不同階段的創新突破。

若套用在企業經營，區分原則的重強避弱，可以幫助企業壯大優勢，使其在今日開創出藍海市場（小池塘中的大魚）站

穩領先的腳步,保持競爭力。木桶原理的棄強補弱則是可以幫助企業不斷補齊弱項中,不斷開創明日的藍海市場(大池塘中的大魚)。

【反思學習】

當你發現自己或企業組織的「短板」,發展也因此受到限制,你會如何截長補短、降低劣勢的限制?

草船借箭,站在個人電腦的巨人肩膀上

中國歷史上的「草船借箭」故事,相信很多人都有聽過。

三國時期,劉備的軍師諸葛亮因為才能出眾,遭孫權的軍師周瑜所忌,兩人在聯手對抗曹操時,周瑜刻意給諸葛亮出了一個天大難題,就是要他在十天內造出十萬支箭。

面對這個不可能的任務,諸葛亮不只一口答應,還自信表示十天太長,三天之內就可以完成。原來上知天文、下知地理的諸葛亮,早就計畫要利用大霧(站在這個自然界氣候變化的巨人肩膀上),取得足夠的箭來幫助劉備與孫權兩軍聯手,以寡擊眾打敗曹操,把一家獨大的天下變成三國鼎立的局面。

諸葛亮的「草船借箭」之計,讓他在短短一夜就取得了十幾萬支箭,著實令人敬佩,也一度成為我在經理人階段審時度勢,藉著異軍突起的上行之勢,用來突破重圍的市場戰略。

在與日本半導體公司的授權一役立下大功後,我又跟隨內

心的盼望，去做又新又難的事。

1991 年，摩托羅拉安排我接任 FSRAM（快速記憶體的一種）事業部全球總經理一職，雖是晉升，等著我的卻是另一場更艱困的戰役——前任總經理就是因為遲遲無法帶領該事業部轉虧為盈，才掛冠求去——我該如何才能反敗為勝呢？

FSRAM 事業部每年虧損大約三千萬美元，原因是，快速記憶元件是用在計算機上，當時計算機的主流是大電腦跟超級電腦，但美國最大的電腦公司 IBM，以及日韓的五、六家公司都已經自有供應鏈，很難打入。即使接掌 FSRAM 事業部之後，我積極帶領團隊擴展業務，也固定每三個月造訪這些公司，還是不見成效。

就在此時，個人電腦開始萌芽，市場情勢也逐漸起了變化，但起初我和業界看法一致，認為個人電腦只是曇花一現，就算真的發展起來也僅是小眾市場，價格又低廉，無法跟大型電腦的市場抗衡，所以對於投入個人電腦市場一點興趣都沒有。

後來，Intel 推出 386 微處理器晶片，將個人電腦帶向「高階化」，幾家個人電腦大廠陸續前來接洽，希望談談未來採購 FSRAM 的可能性，我一概只派市場部同仁出面。但每次一談完，市場部同仁就會很興奮地遊說我，「應該往這方向走（指開發個人電腦專用的快速記憶體晶片）！」

而我也總是很理性地跟他們分析說：「這個市場還不確定，而且個人電腦的快取記憶體的規格跟大電腦不一樣，我們現在人手已經不夠，每年還虧損三千萬，哪有能力去做現在都還不確定的市場呢？而且我們快取記憶體的市占率排名世界

第六，誰會相信我們，選我們的產品呢？」

被我拒絕幾次之後，有天，市場部一個小經理不服氣地跑來辯論，直指說：「反正我們現在的處境是慢慢的死（slow death），倒不如賭一賭個人電腦，雖然可能會壯烈成仁（sudden death），但也可能會賭贏啊！」

聽到對方建議「賭」上整個 FSRAM 事業部，我心裡頗為不悅，但還是耐著性子，理性回應他說：「假如你是在我這個位置，要負責那麼多人的生計，就不會這麼輕易地跟我辯論了！」結果他丟下一句「Roger 我看你是怕了」然後就轉頭走人。

【情境體驗】

作為一名高階領導人，若你像筆者一樣，在身處艱困的商場戰役中，屢遭部屬挑戰你的能力，你會因此動怒嗎？事後是否會聽取諫言，勇於放手一搏？

這樣的態度令人更氣了！但不得不承認，他的這番「挑戰」，確實鬆動了我原本的立場。這是我職業生涯中，遇到的另外一個「關鍵時刻」！在一般時刻，我通常是很理性的，但那一次內心的聲音（why do I exist）卻告訴我：「與其像現在這樣苟延殘喘，是不是應該放手一搏去試一下？搞不好 FSRAM 事業部真的有機會可以從個人電腦的市場中勝出。」

決策已定，接下來就是如何制定出個人電腦的 FSRAM 規

格，但當時碰到的第一個難題是，摩托羅拉在全球的 FSRAM
市場僅排名第六，若由我們出面邀請各家個人電腦大廠像是
Dell、Compaq、Apple 來開會，恐怕很難一呼百應。

　　最後我仿效了「草船借箭」，把排名前五的 FSRAM 廠
商（即那些日、韓的競爭對手），全都找來參加我們舉辦的全
球性研討會，一起聽聽與會個人電腦業者的意見，我們也趁勢
發表摩托羅拉推出的 FSRAM 規格。

　　在這過程中，前五大的 FSRAM 競爭對手如同「草船」，
讓我借到「箭」，意思就是說，透過各家個人電腦業者在會上
認同我們提出的 FSRAM 規格需求，幫助了我們在研發時少走
很多冤枉路。

　　但你可能會狐疑，難道我不怕那些前五大 FSRAM 廠商會
搶食這塊新興市場嗎？其實當時之所以敢邀請他們出席，一來
是確實需要他們到場背書，讓個人電腦大廠誤以為，包含摩托
羅拉在內的六家 FSRAM 廠商，都會全力發展此一規格（即摩
托羅拉制定的規格），會後就將按照此規格來設計最新的個人電
腦；二來是，我早已看準日、韓 FSRAM 廠商不會放棄與個人
電腦公司見面及收集資料的機會，但對於個人電腦市場仍處觀
望階段，不會貿然投入，所以摩托羅拉擁有超前部署的機會。

　　研討會後也正如我所預料。我們提出的規格，在競爭對手
沉默以及個人電腦公司的認同下，順理成章成為高階個人電腦
FSRAM 的標準技術規格。為了大舉攻下個人電腦市場，我也
火速調整人力，把以前設計大電腦的員工改做個人電腦。

　　接下來的十個月內，個人電腦快速躍升為業界主流，成為
電腦業的新巨人，各家個人電腦大廠亟需 FSRAM 時，市占率

排在我們前面的五家公司都沒有這樣的產品,只有摩托羅拉能供應,所以一下子,公司會議室就擠滿了爭相下單的業者。

在獨家專賣的情況下,沒有廠商討價還價,我們在兩個月內收到的訂單,就遠超過未來十五個月能夠生產的數量。一年內,我們從虧損三千萬到盈餘四千萬,全球市占率在接下來的三年內,也從世界第六躍升至第一,盈餘超過三億美元。

我們本來是在一個看似完全無法翻轉的情況之中,但藉著押寶在個人電腦這個巨人的肩膀上,我們看到電腦產業從大型電腦到個人電腦架構轉變的趨勢,透過從日本跟韓國公司中借的箭,成功地幫助公司轉虧為盈、名利雙收。這個經驗是我永遠不會忘記的一個「草船借箭」的案例。

【反思學習】

若你的公司或你個人的職涯,正處於需要借力使力的階段,「草船借箭」此一概念可以如何幫助到你?

草船借箭,其實也是「抬頭苦幹」的概念!

不知道你是否有過這樣的經驗?幾個要好的大學同學,大家一起畢業進入社會打拚,年屆三十歲時,有人已經升任小主管,有人還在基層苦熬;再經過十年,四十歲時,有人晉升高階主管或創業當老闆,有人卻依舊停留在原地,甚至失業,同學間的境遇差距越來越大。

贏在起點的慣性思維（從外到內）
憑眼見、靠慣性 what → how → why → 慣性求穩
現實面：發生什麼（what happened） ——所管事業部的產品市占率落後，業務虧損 ——事業部底下的主管建議押寶未成熟的「個人電腦」市場 ——在困境中束手無策又不願冒風險，導致領導能力受到質疑
精神面：如何回應（how to respond） ——評估小眾市場不值得冒險，傾向再試試其他方法，自許加倍努力以補拙 ——敢跟我頂嘴的小經理，要給他好看
生命面：為何而戰（why do I fight） ——FSRAM 事業部還在虧損中，承受不起不確定的風險
結果：錯失良機，慢慢等死
贏在拐點的超理性信念（由內至外）
進內心、見願景 Why → how → what → 逆向顛覆
生命面：為何而活（why do I exist） ——與其窩囊地維持現況，還不如放手一搏，決定將事業部的發展賭在個人電腦的快取記憶體商機（魄力） ——草船借箭策略開始在腦中成形（眼力）
精神面：如何突破（how to breakthrough） ——成功召開借箭會議，順利成為標準規格（動力） ——火速調整 FSRAM 事業部，成立快取記憶體研發團隊（魅力） ——在十個月內推出一系列支援個人電腦的快取記憶體（動力）
現實面：結果如何（what the result） ——FSRAM 事業部一年內轉虧為盈 ——三年內市占率成為全球第一，盈餘超過三億美元
結果：在一個看似完全無法翻轉的情況中，印證了草船借箭，明白站上巨人肩膀上的企業經營管理之道

究竟是什麼造成大家的不同？除了個人的特質差異及工作機遇之外，工作能力和態度亦是關鍵。就我的觀察，有些人之所以能在職場出類拔萃，是因為懂得審時度勢、順勢而為（如同諸葛亮借大霧之勢、我在摩托羅拉借個人電腦竄起之勢）。

在此邏輯下，傳統價值所推崇的「埋頭苦幹」精神便不再適用。在充滿不確定性的後新冠時代，想要擁有巨大的成就和突破，更需具備「抬頭苦幹」的精神，也就是要在努力的過程中，抬頭觀察四周的情勢，借力使力，如此才能站在巨人的肩膀上搶得先機！

【觀念更新】

相較於「埋頭苦幹」，你有聽過「抬頭苦幹」這個觀念嗎？聽到筆者的論述和分析，帶給你什麼樣的全新衝擊？

經理人的扭轉五力

為了鼓勵現今是經理人的你，分析過去成功或失敗的案例，我提供以下的工具（圖 4.2、4.3），幫助你在深思中溫故而知新（1、2、3……是事件發生的先後次序）。若你的職涯目標是成為一個企業家或高階主管，那麼底下便是你不可或缺的能力條件：

圖 4.2 突破職場困境經理人的扭轉五力

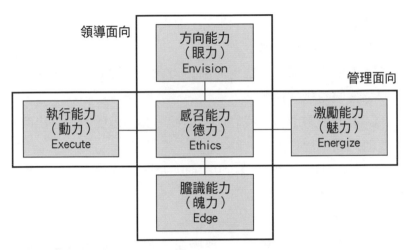

圖 4.3 草船借箭：扭轉力分析

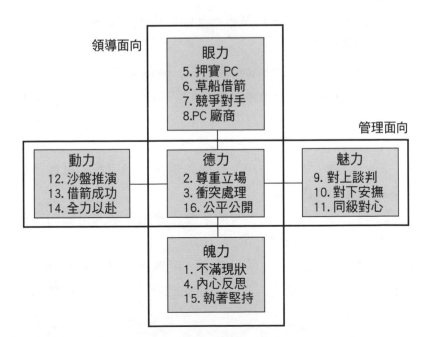

一、眼力（方向能力）：能清楚說明共同的願景，帶領同事一同追求。

【5】押寶 PC──沒資格在主流的大電腦市場中競爭，只有站在未來巨人的肩膀上。

【6】草船借箭──要用借箭的方式，以建立高階個人電腦快取記憶體的產業標準。

【7】競爭對手──我們市占率低，必須邀競爭對手出席，需要他們到場背書。

【8】PC 廠商──必須到場，回去後就會照此技術規格來設計未來的高階個人電腦。

二、魅力（激勵能力）：能吸引人才，並引導其盡心竭力投入工作。

【9】對上談判──坦誠直述面臨的困境，要麼停業，要麼借箭，不可遲疑。

【10】對下安撫──激勵留下者，轉調擔心者。

【11】同級對心──與支援我們的跨部門，不厭其煩去溝通。

三、動力（執行能力）：有能力規畫具體可行的計畫，並堅持執行直到目標達成。

【12】沙盤推演──「快取記憶體應用到個人電腦的商務及技術」研討會的過程。

【13】借箭成功──研討會中，果然我們提出的規格，在競爭對手的沉默以及個人電腦公司的認同下，成為了高階個人

電腦快取記憶體的標準技術規格。

　　【14】全力以赴——火速調整人力，把以前設計大電腦的員工，改做個人電腦。

　　四、魄力（膽識能力）：執行任務時，可以應變所有的問題與機會。

　　【1】不滿現狀——雖然努力，事業部仍陷巨額虧損，全球市占率微不足道的困境。

　　【4】內心反思——情勢所迫又束手無策，唯有聽內心的聲音，決定放手一搏。

　　【15】執著堅持——在接下來的十個月內又遇幾個重大困境，必須有膽有識及時處理。

　　五、德力（感召能力）：面對重要又有爭議的困難時，學會圓通與堅守底線。

　　【2】尊重立場——婉拒市場部進入個人電腦市場的建議。

　　【3】衝突處理——與市場部小經理起辯論，雖有火氣，但情緒不至失控。

　　【16】公平公開——在慶功宴上，頒發獎狀給跟我辯論的市場部小經理。

CHAPTER 5

—◆—

領導者，如何贏在拐點

　　談完「經理人」階段，本章要帶大家進入我任職「領導者」的階段。經理人的故事背景在美國的半導體業界，領導人時期的故事場景則是在中國及亞洲的資訊業界，但因為進入新業務，又在不熟悉的亞洲開疆闢土的同時，又必須向美國總部負責，所以獨立思考能力及大無畏精神，就更加重要了！

　　「領導者」除了要有專業力之外，領導者擁有高度的影響力，肩負的責任更大，更需具備「定方向（眼力）、處應變（魄力）、守原則（德力）」的獨當一面的能力。

　　以一支籃球隊伍來比喻，領導者就如同場外的教練，不會下場打球，卻要負勝敗的責任。因此在球賽開始之前，要先了解競爭球隊的球路，研擬打法（定方向），比賽過程中因應最新賽況，必要時喊暫停、重新調兵遣將或改採不同策略（處應變），以求最後的勝出。

	領導者（影響力）
主要專注	管理改變
如何取勝	除了本能、專業知識及經驗之外，還必須擁有： ·定方向（策略力）：眼力 ·處應變（膽識力）：魄力 ·守原則（誠信力）：德力
可能行業	各領域中的領袖：總經理、總裁、執行長、董事長、企業家、主任牧師
球隊角色	場外的教練

從一位經理人晉升為領導者，工作內容就不只是「管理任務」，更是在「管理改變」。而管理改變的領導精隨在於，要勇於創新且不怕犯錯！

創新的過程中充滿變數，亦是冒險，但只要做對一次最重要的決定，你的人生將可藉此上行好幾步。只不過放眼現實生活中，多數人都停留在害怕犯錯的階段，因而不敢有所行動，讓「好的創意」束諸高閣，最後變成「創意的巨人，行動的侏儒」，要不就是「夜裡夢想千百路，清晨起來走原路」。

如果知道絕大多數的企業巨擘在取得眾所皆知的成功之前，都曾經犯過錯誤，有的甚至犯過嚴重錯誤，或許你就不會那麼擔心犯錯了！

比方說，已故的蘋果公司創辦人賈伯斯，在世人眼中聰明絕頂、成就斐然。但他在取得巨大成功之前，曾經被自己請來的董事兼管理者解除研發部的副總裁職務。失意的他，經過十二年的努力和探索，才學會如何管理公司，也因此得以重返蘋果公司，寫下蘋果奇蹟。

　　賈伯斯的例子說明了，創新的過程有如推個大鐵球過一個高山坡，當你的創意內涵夠好，縱使實踐過程中犯下不少錯誤，但只要累積的創意能量突破了臨界點（圖 5.1），最終就會自行運轉，遇到阻力也能自我糾正。這也就是為什麼，有時當我們以為做了一個看來非常可怕的決定，事後卻證明那是一輩子做過最好的決定之一，因為相較於結果，過程中犯下的錯誤不過是枝微末節罷了！

　　在本文中，我將以自身在中國及亞洲擔任領導者的經歷作為分析案例，跟大家分享如何透過創意在短短八年之中成功開創新市場，讓市占率大舉落後的摩托羅拉手機一步步搶得先機。過程中，經歷了三場商業大戰：

　　一、任職第二年手機中文化：自主研發四個微創，領先市

圖 5.1 好的創意—超越臨界點—是活的

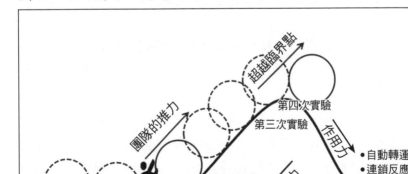

場兩年之久；營收增長五倍（10 億美元），員工 2500 人，工廠 20 條生產線。

二、第四年 CDMA 手機大戰：成功地轉守為攻、直搗黃龍；營收到 20 億美元，員工 3500 人，工廠 40 條生產線。

三、第六年 Linux 智能手機：顛覆市場，成為摩托羅拉手機部最強大隊伍；營收到 40 億美元，員工 5000 人，工廠 80 條生產線，支撐總部兩年所有的盈餘。

【觀念更新】

以往是否聽過「管理改變」的這個概念？聽了筆者說「只要做對一次最重要的決定，你的人生將可藉此上行好幾步」，這是否衝擊到你原本的認知？

暗渡陳倉，躍升「手機中文化之父」

雖然「暗渡陳倉」指的是以虛為實的暗中行動，但如果這麼做的目的是為了實踐突破性的創意，那麼反而是膽識的證明了。

從英特爾被挖角回摩托羅拉擔任經理人之後，歷經一連串的逆轉勝，1994 年底草船借箭後職場生涯更上一層樓，我被拔擢為摩托羅拉的亞洲通訊業務總裁，行業從半導體跨到通訊業，工作地點從美國轉換到北京，帶領的團隊成員，銷售加上維修總計才 30 多人，工廠只有一條生產線作業員 100 多人，是公司最小的業務單位。

　　人少倒不打緊，當時真正的困難在於，有兩位負責管理中國手機業務的美國人，他們自稱是中國通，又認為我不懂中國、不懂通訊，加上他們長年業績未達標，美國總部派我去整頓，讓他們備感威脅，所以經常在共事過程中刻意阻撓，像是遲遲不安排我想見的中國郵電部部長。

　　我很清楚他們的小動作，也理解那是自我保護的本能反應；加上做了半導體二十年，首度跨足公司的主流通訊業務，我也需要時間預備自己，所以並未在第一時間調離他們，但變革的腳步已經刻不容緩。

　　當時通訊規格正處於 1G 到 2G 的變革期，手機市場也從商務機變成消費手機，衝擊了當時摩托羅拉手機霸主的地位，導致全球市占率大幅下滑，中國市場也不例外。

　　幸而透過獨立思考的方法，幾個月的時間內我陸續掌握到中國市場的手機研發、生產、供應鏈、銷售通路，以及政商關係互動，同時草擬出一個提高市占率的通盤計畫。

　　我當時的評估是，中國市場潛力無窮，因為大家都渴望跟別人溝通，但美國總部設計的手機外觀比較大，不適合手掌小的東方人，加上市場文宣都是美國總部規畫，無法用在地化的語言跟中國消費者對話。

　　為了突破限制，有次跟美國總部總裁開會，我提出了在亞洲建立在地化手機品牌設計，以及從生產到行銷一條龍的營運架構。

　　沒想到，直屬老闆氣炸了！他說：「我知道你在半導體管過設計和研發，但是中國人不會設計手機和生產手機，只能美國運過去，你只要乖乖去把中國市場做起來就可以了。」更誇

張的是，當我表示中國郵電部已經決定從 1G 邁向 2G，他的回答竟然是，要我把中國市場從 2G 扭轉回 1G！等於是要科技趨勢走回頭路，這根本是不可能的事！

但老闆還是一口咬定，我之所以認為「不可能」是因為不懂銷售，而且為了防範我自主研發，還訂下鐵規要求包含亞洲在內的全球事業部，除了銷售，其他一律不准做，若違反命令就會立即開除！

這種一方面頻頻施壓，要我交出中國市場的漂亮成績單，另一方面卻又否決突圍策略，一度令我陷入上下制肘的困境。再繼續這樣耗下去，要不就是回半導體領域，要不就是撐到老闆下台；但即使如此，摩托羅拉手機產品在中國節節敗退的事實，依舊不會改變。

況且，「為什麼我要得過且過的過日子？」當內心有個聲音這麼反問之後，我發現自己並不想就此放棄，便持續朝向「自主研發」的目標佈局，但苦於找不出一個跟對手大幅拉開距離的創意火車頭，以拉動整體業務，因為一味地在手機外觀和功能上競爭，永遠都是一山還有一山高，這次摩托羅拉設計的手機比對手好看，很快地對手的下一款手機就會比我們的漂亮。

為了組織大中華區的研發團隊，我力邀兩位美籍華裔科學家加入，一位畢業於北京清華大學，一位畢業於新竹交通大學，他們皆有美國的博士學位，也常住在美國。有次在美國與他們見面，在他們將英文履歷表遞給我時，我正在說要將其翻譯成中文，突然腦海跳出一個念頭：「何不試著將手機的英文操作介面翻譯成中文呢？」

「啊哈！」我馬上意識到這是一個絕妙的點子，也是足以帶動大中華區團隊向前行的火車頭。爾後，我們三人就在芝加哥的一家旅館裡，利用三天的時間，把手機中文化的四個步驟規畫出來，磨拳擦掌準備另闢藍海市場。

那四個步驟就是：(1) 中文顯示、(2) 中文簡訊、(3) 中文輸入、(4) 中文軟體套件。當我回北京與中國郵電部長見面洽談此事時，他甚為欣喜也感到很驚奇，說：「我從來沒聽過人家講過這麼詳細的手機中文化策略。」並且允諾只要摩托羅拉承諾去做，就會給我們大訂單。

當時中國是一個門號搭配一支手機，手機都是郵電部在下單，所以只要取得郵電部的訂單，就等於掌握了中國的手機市場。

至此，一切都還是在檯面下作業，我就以這兩位華裔科學家為首，在芝加哥總部急速擴充到六十人，招到的人才都是各地華人中想做手機研發的一時之選。他們白天幫總部做手機設計，晚上做中文化的微創研發；位於天津的工人則是從 100 人增加到 300 人。

當時總部抓人事費用抓得很緊，為了不讓美國總部起疑，我提議天津廠的廠長招聘 200 位臨時工、補足人力缺口，並且拍胸脯保證，「將來出事，我負責就是了！」

研發在芝加哥、工廠在天津、市場行銷的人在北京，藍海團隊的鐵三角於焉成形。隨著郵電部大訂單來到，天津工廠一批批出貨，高達 60% 的毛利讓摩托羅拉在亞洲的營收開出紅盤，過去一段時間暗渡陳倉的事情也一併攤在陽光下。

有次回美國總部，接到老闆的秘書來電，她說總裁要請我

吃日本料理，同時還暗示「每次老闆請的人都不會有什麼好結果」。實際見面之後，老闆也確實提到，他接獲密報得知我自組研發團隊，照規定應該立即開除，但沒想到我主管的業務在中國大舉獲利，成為公司各處落敗中唯一的亮點。

再加上，公司因為美國營收當季衰退 30%，董事會的人原本要拿他開刀，但中國市場的崛起救了他一命，所以他決定：「以後你就自己幹吧！」原本暗渡陳倉的事情從此變得光明正大。推出第一款中文化手機時，消費者還排隊爭相搶購，完全不輸蘋果 iphone 手機的熱潮。

大中華區的業績蒸蒸日上，摩托羅拉更將印度、東南亞、澳洲、日本、韓國等市場劃歸大中華區管轄，除了美國、北京的設計中心，同時創設韓國、新加坡設計中心。這是我在中國打的第一仗，原先處處阻撓我的那兩位美籍業務主管，也開始跟我站在同一陣線，成為得力幫手。

循著手機中文化的那四個步驟（中文顯示、中文簡訊、中文輸入、中文軟體套件），每半年我們就推出一個新功能，有長達兩年半的時間，我們都處在業界的領先地位，把競爭對手遠遠拋在後頭。

因著成功推動手機中文化，我也被冠上了「手機中文化之父」的美名。我在摩托羅拉當時培訓出的優秀人才，後來也陸續開枝散葉，成為中國資訊和通訊產業（Information and Communication Technology, ICT）的精英，摩托羅拉被譽為 ICT 產業的黃埔軍校，我則被稱為「校長」。

【情境體驗】

若你是亞太區高階領導人，礙於美國總部的鐵規，明明看到手機市場的在地化需求、卻無法自行研發，你會用暗渡陳倉的方式來突破困境嗎？

領導者的扭轉五力

為了鼓勵現今是領導者的你，分析過去成功或失敗的案例，我提供以下扭轉五力架構的工具（圖 5.2、圖 5.3），幫助你在深思中溫故而知新，1、2、3……是事件發生的先後次序。

圖 5.2 衝破企業瓶頸的扭轉五力

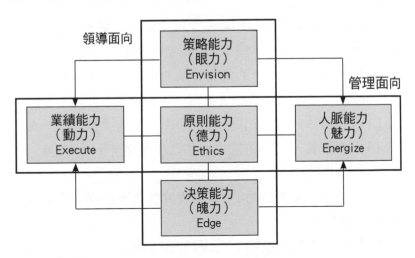

圖 5.3 暗渡陳倉：領導五力分析

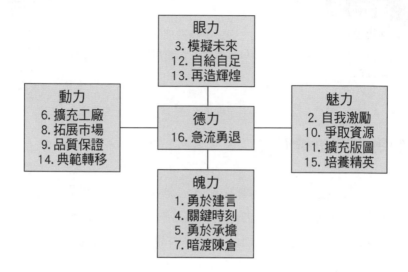

一、眼力（策略能力）：能預期未來的市場需求和機會，以及設定策略方向。

【3】模擬未來：在與華裔科學家討論中，靈光一現——手機中文化。

【12】自給自足：除了芝加哥及北京之外，在韓國及新加坡分別創建研發中心，新加坡工廠併入亞洲。

【13】再造輝煌：超前投入「太極」智能手機研發，成立 ODM，雲端到終端超前佈置未來移動互聯業務。

二、魅力（人脈能力）：能處理好各方面的關系，並以此激勵和影響他人。

【2】自我激勵：雖陷入上下制肘的困境，但「自主研發」

的決心未變。

【10】爭取資源：在北美市場疲軟、中國市場強勁時，加快力度返美爭取資源。

【11】擴充版圖：日本、韓國、東南亞、印度相繼加入亞洲，已成一整合的業務。

【15】培養精英：人才到位，大力培植本地人才，實行人力地方化。

三、動力（業績能力）：在執行過程中，充分掌握每個環節，並取得滿意成果。

【6】擴充工廠：工廠到位，利用這筆大訂單，開始擴充天津工廠為全球的工廠。

【8】拓展市場：市場到位，藉著郵電部源源不絕的訂單，擴展中國銷售及市場部門。

【9】品質保證：確保天津工廠的產品，品質超過美國的工廠，並且大量宣傳。

【14】典範轉移：摩托羅拉亞洲業務模式，被業界推崇為最成功、最經典的模範。

四、魄力（決策能力）：敢做決定及承擔後果，並將組織帶領到更高的挑戰層次。

【1】勇於建言：提出在地化手機品牌設計，但老闆立下鐵規，只准做銷售，不然立即開除我。

【4】關鍵時刻：在與郵電部長的會議中，大膽提出手機中文化的願景及執行計畫。

【5】勇於承擔：會議後，郵電部允諾給一個大訂單，我獨排眾議、勇敢接單。

【7】暗渡陳倉：研發到位，以中國郵電部的訂單為起點，開始在芝加哥及北京建立研發中心。

五、德力（原則能力）：可以堅持誠信經營、尊重他人。

【16】急流勇退：在 2000-2002 年間，為摩托羅拉美國總公司貢獻了絕大部分盈餘後，2002 年底離職，另創公司（E28）。離開時，給公司一份完整的交接建議，毫無藏私，完全符合誠信原則。

【反思學習】

若將扭轉五力的架構，實際套用在當前的工作景況中，你發現了還有哪些不足之處可做加強？

讓夢想看得見，模擬未來的七個步驟

在第一場商戰中，為何我能夠在「要他們將履歷表翻譯成中文」的一剎那，順勢迸出「手機中文化」的創意？這是我長期操練模擬未來的結果，底下是模擬未來的七個步驟：

STEP 1：**遠大的志向：**我的內心渴望是想活出與眾不同、真我的志向。

若想要模擬未來、看見夢想，首先得訂立遠大的志向，去做其他人尚未做過的事，方可為他人所不敢為、不能為之事。

同理，當你面臨到危機或陷入職場泥淖時，也要試著找到跳脫常態的做法來突破困境，藉此可提振自己、激發潛能、創新求突破。

STEP 2：強烈的企圖心：不甘被困於市場而退敗，努力找尋突破的火車頭。

若希望目標與成就能連結在一起，那就要有足以焚身的企圖心；只有在自己內心呼喚過的東西，才會在現實中出現；人生要有確切的願望，強有力的企圖心。

STEP 3：積極的思考：一有空的時候，就日以繼夜地從各個角度換位思考。

必須在前兩個步驟都具備的前提下，第三個步驟才會運轉，而且思考（模擬未來）是看見解決之法的種子，也是達到目標的最早且最重要的因素。所謂的積極思考就是，無論何時何地——即使是睡覺——都在思索解決方案；從頭頂到腳趾每個細胞都沉靜在思考，專注、傾全力地思考，縱使被他人譏諷嘲笑依然不受影響，這種思考力便是成就目標的原動力。

STEP 4：進入潛意識：夢中得見。

最徹底的積極思考，則是讓思維進入潛意識。只要不斷地想、想、想，日思夜想、廣泛地想、深入地想、反覆地想，同時也在腦中模擬演練如何實現，持續增加思考的強度，強到讓思考鑽入潛意識，接受內心的指引。

STEP 5：激發右腦力：挑戰左腦，開發感性的創新腦。

一般人思考多由左腦主導。當左腦（偏向於知性、收斂式）理性的線性思維反覆思考卻無法突破時，主掌潛意識的右腦就開始擺脫左腦的慣常主導地位，用感性、分散式、非理性的逆

向思維加以探索、模擬未來。這是一個從慣性的知識腦，轉移到感性的創新腦的過程。

STEP 6：靈光的閃現：將履歷表從英文翻譯成中文——「手機中文化」。

如果短時間內始終想不出突破性的解決方案，也不要放棄，只要腦袋持續運轉、思索，同時相信此事一定會實現，「解方」就有可能會靈光一閃地藉著他人的言行反應、一個建議或無意間的舉措，甚至是出現在公眾媒體的一句話、某一晚的夢境等等，讓接下來的做法依稀「可見」起來。

STEP 7：越看越清楚：往後三天，在旅館把手機中文化的四個步驟規畫出來。

有了右腦的靈光一現構思後，還是要回到左腦運作，繼續揣想解決方案的施行細節、風險評估，以及施行過程中可能遭遇的困難與挑戰，甚至連相對應的克服方法都要一併事先設想

贏在起點的慣性思維（從外到內）
憑眼見、靠慣性 what → how → why → 消極退縮
現實面：發生什麼（what happened） ——從美國到北京就任摩托羅拉通訊業務總裁，率領的卻是全公司最小的業務單位 ——兩位自認中國通的美國人處處刁難 ——通訊規格正處於 1 G 到 2 G 的變革期 ——手機市場從商務機改變到消費手機，摩托羅拉的手機霸主地位不保 ——我積極思變、尋求在地化研發和行銷，但被總公司老闆以革職威脅，不准有所作為

精神面：如何回應（how to respond） ——重回美國半導體舒適圈？ ——留在中國靜觀市場轉好，或者是撐到總裁換人，等待轉型在地化的契機
生命面：為何而戰（why do I fight） ——因情勢所逼，上下皆遭制肘，什麼是最安全保護自己的方法？
結果：走回頭路或就地停擺，卻一點都不精彩

贏在拐點的超理性信念（由內至外）

進內心、見願景 why → how → what → 暗渡陳倉
生命面：為何而活（why do I exist） ——內心反問：為什麼要過一個得過且過的日子？為什麼不能自主研發？（魄力） ——模擬未來：什麼是創意的火車頭？靈光乍現：為何不能手機中文化？（眼力） ——因回到內心深處而能看到比整個團隊所處現況更大、更遠的願景及盼望
精神面：如何突破（how to breakthrough） ——定義手機中文化四步驟（動力） ——拜會中國郵電部長時，直接提出手機中文化的整體方案（魅力） ——暗渡陳倉：在美國總部部署亞洲的研發團隊（魄力＋魅力） ——天津工廠按時、按質生產出郵電部的大訂單（動力）
現實面：結果如何（what is the result） ——打開中國不懂英文的95%藍海市場，並帶動全球手機中文化的趨勢 ——大中華區業績蒸蒸日上：營收增長，自主研發，擴充版圖 ——摩托羅拉在消費手機市場重拾霸主地位
結果：手機中文化之父的成就

好。畢竟，沒有縝密的籌畫、準備，解決方案將流於空泛且窒礙難行。

總而言之，只要我們先用右腦，以逆向思維大膽假設，再運用左腦，以慣性思維小心求證，在兩者交互應用下，原本遙遠、模糊的夢想，將會變得更加接近且明晰，最後，夢想與現實之間的距離將完全消失；夢想將不再只是空想，而是可計算距離的目標！

【反思學習】

若將模擬未來的七個步驟，實際套用在當前的工作景況中，是否幫助你更靠近夢想？

直搗黃龍：國際 CDMA 手機商業大戰

繼「手機中文化」之戰，我在亞洲打的另一場國際型商業大戰也是跟手機有關，只不過這次採取的策略是「直搗黃龍」。

1998 年摩托羅拉的手機全球業務從頂峰跌到谷底，全球市占率節節敗退，那時，駐亞洲和歐洲的總裁經常要飛回美國開會。由於整體業務受到威脅，組織需要全面調整，原本所有的技術都歸美國總部的技術部門管理。

那時摩托羅拉高層發現，歐洲掀起了一個新的技術 GSM，亞洲掀起了一個新的技術 CDMA，他們想既然 GSM 是歐洲的，那就由駐歐洲的總裁來負責研發；CDMA 是從亞洲發展起來的，就由擔任亞洲總裁的我來負責 CDMA 的研發。

CDMA 雖然是摩托羅拉的原創，但韓國卻鎖定 CDMA 是他們國家的整體任務，所以培養很多 CDMA 的人力及人才。那時韓國最強的一家公司不但把摩托羅拉的手機業務全部趕出韓國，還進軍到美國，全面進攻美國市場。

我一接手 CDMA 就發現內憂外患。外患是，韓國的公司已經劍指美國市場，來勢洶洶；我們不但丟了韓國市場，連美國本土的市場也開始往下滑。

內憂呢？我接管以後才發現 CDMA 研發團隊只有 250 名工程師，被分為四個小部門，而且四個部門之間互相杯葛、各自為政，什麼事都做不了。

那時候國際形勢也有很大的變化。亞洲陷入金融危機，韓國經濟也受創，韓幣快速貶值，很多韓國公司紛紛關閉，尤其是剛創業的公司都很難經營下去。

大家都知道，美國的媒體經常批評政府和企業。那時媒體就攻擊摩托羅拉說：「CDMA 手機的技術不是你們發明的嗎？怎麼突然讓韓國公司到美國來予取予求呢？」所以就逼著摩托羅拉馬上要想出應對策略。

不但如此，媒體還批評說：「韓國手機的款式又多又好，並且便宜，摩托羅拉卻只有一款產品，還是中檔的 CDMA，不論性能、外型、價位，都不及韓國的公司。」

我接手 CDMA 產品部之後，因為直覺告訴我媒體對韓國公司產品的評估是不可能的，就立即著手對韓國的產品做了詳細分析。我發現，韓國公司並沒有低成本的產品，他們是從韓國市場中高檔的八款手機中挑選出賣得最好的四款，然後用非常低的價格銷到美國，只為了一舉搶下美國市場。

【情境體驗】

如果你是筆者，接管新部門之後發現內憂外患不斷，公司高層和媒體界也等著看你如何反敗為勝，你會如何因應？

　　從財務分析來看，韓國公司之所以能夠在美國虧本賣，是因為那些手機在韓國已經回本，利潤足以支撐他們進攻美國市場。而且很明顯地，他們的策略是想把摩托羅拉趕出市場，這樣他們就可以完全操控整個局面了。

　　雖然總部和媒體都表態，希望我馬上在美國招募幾千個工程師來設計低端手機，傾全力來打防守戰；但根據產品跟財務分析的結果，我決定「直搗黃龍」。我深信只要把韓國的金雞母給打垮，他們就沒有財力來支撐低價銷售到美國的市場了。再說，我也知道美國的工程師只能設計一些高端、創新的產品，他們沒有能力設計低價位的產品。

　　當時我看到眼前的國際情勢：韓幣大貶，許多公司即將關門，我馬上飛到韓國，用很低的價格買下三間小型 CDMA 手機設計公司。一下子我們就多了 500 名工程師，我要他們專注設計低成本的手機來專攻韓國的市場。

　　另外，我把美國 250 名工程師組成一個團隊，讓他們專門設計一款高端手機，也就是稍後美國賣得最好、有翻蓋的 Startec 手機。

　　這兩個策略立刻產生了效果，六個月以後，我在韓國買的三家公司設計出八款外型不錯、價位低廉的手機，我們就用

低價位去進攻韓國市場，最後逼得韓國公司必須降價高價位產品來跟我們競爭。這樣一來，他們在本國市場的利潤大幅度下降，以至於他們在美國的手機價位必須抬高，結果讓我們這八款低價位的產品在美國、韓國都得到了很高的市占率。

在此同時，我們在美國設計的高檔手機，也得到韓國及美國客戶的青睞。我們就用這個一低一高的兩個策略（低的搶市場，高的得利潤），把韓國的產品擠在中間，也因為這個緣故，韓國公司在國內市場開始敗退，也逐漸地退出美國市場。

CDMA 本來是嚴重虧損的事業部，後來變成很賺錢的部門，而且 CDMA 手機市占率又重新回全球第一。

爾後我們也到韓國設立自己的設計公司，在美國的那 250 名工程師團隊也因為高端手機大賣而擴編。這就是「進攻就是最好防守」的另一個範例。

「直搗黃龍」案例中的領導力

在上述的案例中，我靠著收購三家專攻 CDMA 技術的小公司，擊退原本稱霸 CDMA 手機市場的韓國企業，重新贏得主導權，我的部署分別如下：

一、在韓國：需要肯衝鋒陷陣的大將，以建立 CDMA 手機研發的灘頭堡。

二、在美國：需要可整合設計工程師的幹部，以強化、擴大 CDMA Startec 手機研發的領先優勢。

三、在台灣：需要可拓展低端 GSM 手機代工業務的人選，更期許他可發想出突破性的合作模式。

贏在起點的慣性思維（從外到內）
憑眼見、靠慣性 what → how → why → 本土保衛
現實面：發生什麼（what happened） ——摩托羅拉 CDMA 手機丟失了韓國市場，美國市場又節節敗退 ——奉命接管 CDMA 手機的研發 ——接任後發現內憂外患 ——韓國對手產品又好又便宜 ——媒體討伐摩托羅拉的防守不力 ——公司高層急需一個守住美國市場的超級方案
精神面：如何回應（how to respond） ——最保險的方案就是大家都認同的本土保衛戰 ——提出在美國緊急召聘上千名工程師的預算
生命面：為何而活（why do I fight） ——雖然心知肚明在美國召聘上千名工程師的任務是行不通的，但這就是將來做不成的藉口 ——因情勢所逼，為害怕求生只想推卸責任，反正這狀況不是我造成的
結果： ——面對逆境，最保險的做法可能會造成最危險的結果 ——摩托羅拉有可能徹底失去美國市場
贏在拐點的超理性信念（由內至外）
進內心、見願景 why → how → what → 直搗黃龍
生命面：為何而活（why do I exist） ——內心有個聲音反問：我為什麼去做明知行不通的方案？（德力） ——我如何去除內心的不平安？為什麼不跟隨內心的挑戰熱情，決定反守為攻？（魄力） ——為什麼不相信自己的直覺：韓國公司的產品不可能又好又便宜（眼力） ——因回到內心深處，而能看到比體與魂層次所處狀況中更大、更遠的魄力及眼力

精神面：如何突破（how to breakthrough）
——小心求證韓國公司的產品成本高於售價，研究對手的財務（眼力＋動力）
——決定直搗黃龍：利用亞洲金融風暴，搶灘買韓國公司研發低價產品搶市場（眼力＋動力）
——重整美國研發團隊立足美國的領先產品得利潤（魅力＋動力）
——用高價和低價的產品組合線，上下夾攻韓國公司的CDMA手機（眼力）

現實面：結果如何（what is the result）
——韓國公司在本土及美國市場同時退敗
——摩托羅拉CDMA手機全球市占率重回第一
——CDMA事業部轉虧為盈
——在韓國設立CDMA手機研發及設計中心

結果：進攻是最好的防守策略的印證
——韓企退出美國市場
——營收達20億美元
——超乎我所求所想，再次證實由內而外的生命面所看到的真實及關鍵性

　　四、在中國：需要可穩住GSM手機業務，並凝聚員工向心力的人才。

　　在此關鍵時刻，按才授職的四位美國籍經理人，皆能稱職地肩負起任務，使得摩托羅拉在亞洲的手機業務得以如期推進；而且面對部門如此多元的業務需求，我不但得一心多用，還要隨時緊盯各國的情況變化，適時調整領導風格，以確保各項業務得以順利推展，此對我的領導能力亦是一大考驗！

　　透過上述的這個案例分析，主要是想跟大家說明，在人生與職場上一個非常重要的觀念，那就是「進攻永遠是最好的防守」。

　　先請大家來想像一下，在一場世界級的足球比賽中，全球最佳防守的球隊如果只採取防守的策略，了不起只能阻止對手的進攻，最後的結果也頂多就是跟對方打成平手，零比零。

　　我們在人生或職場工作時也是一樣，許多人一生只選擇生活在「舒適圈」，以為那是最安全的地方，即使一再遭遇挫折、打擊，仍然以防守做為唯一的思維，殊不知反而會讓自己的處境每況愈下。

　　這就告訴我們，其實人常以為最安全的地方，往往是最危險的地方，反之亦然，所以要學會即使在防守中，也要隨時準備進攻。換句話說，人們所以為的「安全牌」，其實並不安全，因此鼓勵大家學會在防守的同時，也要隨時備戰、伺機進攻，方有機會建立灘頭堡。

【反思學習】

隨時備戰、伺機進攻，這種以攻代守的突圍策略，你會如何應用在目前的工作或人生景況中？預期取得的結果是什麼？

智能手機從「語音」到「數字」的典範轉移

　　本文當中，接連分享了兩個國際商戰的案例，雖然使用的方法不同，一個是暗渡陳倉、一個是直搗黃龍，但相同之處在於，我不只是「處理改變」，更是在「管理改變」，人們（或領導者）的應變能力，決定了個人或組織將走向成功或失敗的命運。

因此接下來就要跟大家談談如何管理改變？

我是 1972 年到美國，當時美國有兩家公司是我最景仰、最崇拜、也是最嚮往加入的：一家是做大型電腦的 IBM，另外一家是做有線通訊的 AT&T。這兩家公司都有一些共同的特質，譬如他們的產品壟斷市場，公司內部人才濟濟，並且總是能招聘到最優秀的人才。

他們的生意興隆，收入和盈餘都不斷增加，研發團隊也是世界第一流，其中有很多位諾貝爾獎得主；也因為他們的銷售和售後服務口碑都很好，在品牌光環的加持下，員工自然都自信滿滿，所以當時我毫不懷疑地深信，這兩家公司勢必將永遠屹力不搖，保住世界第一的位置。

結果沒想到短短的二十年，這兩家公司就相繼敗退下來！這是什麼原因呢？

IBM 是敗在大電腦轉型成個人電腦的市場改變，而 AT&T 是敗在有線通訊到無線通訊的市場變革。目前這兩家公司已不再是產業的龍頭老大，品牌聲望亦大不如前，公司不斷在改組、裁員，人才流失很多，內部員工怨聲載道。由此可見，一家企業若是不懂得「管理改變」，品牌再輝煌也終將失色。

■如何「管理改變」：認識「順趨勢」與「反趨勢」

這跟今天要談的題目「典範轉移」（paradigm shift）有關。首先我們要先認知到，「變」是世界上唯一不變的真理，也是塑造未來的要素。若進一步研究「改變」，其實分為兩類，第一類叫「順趨勢」（trends）的改變，第二類叫「反趨勢」（anti-trend）。

「順趨勢」就是在既有的趨勢和數據之間，用理性的延伸

預測未來，這也是最常用來討論、敘述改變的概念；「反趨勢」
則是顛覆現有趨勢、軌道，重新創造出新的趨勢和軌道。

「順趨勢」是採用慣性的思考模式；「反趨勢」則是用逆向
的思考模式。所以不論是在職人士或企業，如果想要長期保持
不敗，就要學會審時度勢，交替採用這兩種模式，千萬不可以
固守單一模式。

我前面提到的兩個七○年代最成功的兩家大公司（IBM、
AT&T），就是因為在建立了王朝以後，仍然採用「順趨勢」
的思維模式，而遭到了淘汰。

【觀念更新】

我們常說要順應趨勢，筆者卻在此提出了「反趨勢」的概念，你是
否有聽過？此帶給你的啟發是？

■何謂「典範轉移」（paradigm shift）？

面對後新冠社會的巨變，不少企業，組織，包括教會陷入
「內捲」，個人開始「躺平」，這些都是不了解「典範轉移」的
結果。

早年，IBM、AT&T 都建立了一種成功的「典範」（paradigm）。
至於什麼叫做「典範」？它是一個結合科學和哲學的術語，指的
是在某一種行業或者某一個研究的社群裡，大多數的成員都認可
的一個信念、價值與最理想的運作模式，因此他們稱之為典範。

任何商業或文化上的改變，都來自於「典範轉移」（paradigm shift）。也就是說，有人創造了一個更好的新典範來取代舊的。那我們要如何知道典範如何建立？典範又如何轉移的呢？那就要學會畫「S 曲線」。

　　從圖 5.4 可以看到，「S 曲線」有一個橫軸代表時間，縱軸則是代表此一典範解決問題的數目。當中有兩個轉折點：①跟②，我們來看看這代表什麼？

　　標示①的轉折點，指的是解決問題的速度由慢變快；標示②的轉折點剛好相反，是指解決問題的速度由快變慢。以這兩個轉折點為界，任一典範的建立都會經歷 A、B、C 這三個時期。

　　A 是「探索期」任何一個典範的誕生都是從探索期開始；經歷轉折點①以後，就進入到 B「快速發展期」，這時，解決

圖 5.4 典範建立模式（paradigm model）

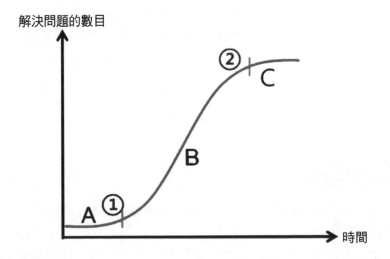

問題的數量不斷往上攀升；經過轉折點②之後，又會進入到 C 「成熟期」，解決問題的速度又慢了下來。

　　任何一個企業或行業都會經歷典範的轉移，就像我們剛剛舉 IBM 和 AT&T 的例子，他們都是在七〇年代之前先經歷了「探索期」。在這個時期，解決問題的速度很少也很慢，因為大家都沒什麼頭緒，一切都在摸索當中，唯有反趨勢的「逆向思維」方能出奇制勝，奪下創立「典範」的機會。

　　以 IBM 為例，他們的大電腦用來解決企業的數據，起初一定有很多公司競爭，結果因為大家對於這個問題了解不深，也沒有好的工具被發展出來，解決問題的速度比較慢，但 IBM 做到了，才從中脫穎而出。

　　到了七〇年代之後，我看到的 IBM 跟 AT&T 都已經離開探索期，進入「快速發展期」。在這時期，過往那些錯誤的解決方式被淘汰，採取的是統一、有效解決問題的方式，所謂新的「典範」就被建立起來。當處在這個順風順水的階段，要善用順趨勢的「慣性思考」來大幅拓展業務版圖。

　　任何的「典範」遲早都會進入「成熟期」。當現有老客戶及新客戶發出抱怨，用原來的老方式已經無法解決他們的新問題時，這時候就要變成「反趨勢」的逆向思維模式，再次做「典範轉移」，方能持續在行業中立於不敗之地。

【觀念更新】

先前是否聽過「典範轉移」及「S 曲線」的概念？此概念帶給你的啟發是什麼？

如同新趨勢的問世會有所謂的創立者、跟隨者，典範轉移的過程中亦是如此（詳見圖 5.5 和圖 5.6）。

回到我當領導者時的思考。為了「管理改變」，我在領導企業時會將員工一分為二，分別用完全不同的管理模式。

多數員工（70%）做順趨勢的管理，在現有的產品及客戶中，追求高速的成長，以及利潤的最大化。參與的部門是產品、銷售及生產，通常要找到屬性是向內「守成」的員工，比較適合做慣性思維，在直道上的工作。

少數員工（30%）則是要用逆向思維，去應變或創造出反趨勢的改變，藉著研發出全新的產品或服務，在彎道上找到新客戶後超越在直道上的領先者。參與的部門是策略、研發及市場，通常要特別挑選出屬性是向外「拓展」的員工，比較適合做反趨勢管理的工作。

反趨勢的管理又分兩種，一是「與時俱進」，另外一種是「典範轉移」。

「與時俱進」是在現有的平台及產品上，用「微創」的方式，做出新產品及服務，以吸引或培養新或年輕的客戶；當微創到頭後，就必須用「原創」創造出全新的平台及產品來顛覆市場，此即為「典範轉移」。

上文提到的「手機中文化」案例，就是一個「與時俱進」的反趨勢戰略，因為是在現有的平台中，只須注入中文介面的微創，頓時讓企業界及年輕人視為珍寶。在陸續推出手機中文化的四個微創後；而正當競爭對手仍忙著在手機中文化的介面追趕我們時，我們又率先推出擁有大觸控螢幕，以及可以用一支筆驅動的世界首款「智慧型手機」，異於傳統按鍵式手機，

圖 5.5 典範轉移模式（paradigm shift model）

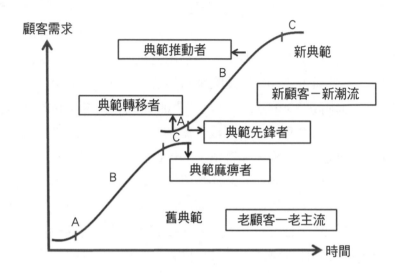

圖 5.6 典範轉移模式的推動者

典範轉移者	原創者	引發探索期（A）的人，發生在這圖中創始的點上 —— 創新發明者
典範先鋒者	微創者	發生在典範改變者之後，但在進入發展期（B）之前 —— 有眼光加入者
典範推動者	集成者	典範得利者，應順趨勢大步向前占取市場，發生在 B 之中 —— 優勝者
典範麻痺者	淘汰者	被新典範淘汰者，患上了對未來確定的絕症，是老典範中特別強大、特別成功者，發生在 C

立時引起轟動，此則為「典範轉移」的代表。

　　此一不斷在直道、彎道替換的管理模式，催生了 Linux 智能手機的登場，顛覆從「語音」到「數字」的典範轉移，摩托羅拉亞洲的年營收因此衝到 40 億美元，員工擴編到 5000 人，工廠開出 80 條生產線，我率領的亞洲手機團隊，成為摩托羅拉手機部最強大的隊伍，支撐總部兩年所有的盈餘，也將「摩托羅拉」打造成當時亞洲的手機第一品牌。

【反思學習】

你的工作或人生階段是否正面臨轉型？如何將今天學到的「典範轉移」應用在當前的景況中？

　　描述了「做對事」的管理改變，帶出了「典範轉移」的理念；接下我要談一下「帶好人」的管理改變，帶出「共贏法則」的概念──利他是最好的利己！

經理人管理模式：權威式管理 vs 感召式管理

　　一般人認為員工是看薪水辦事，但根據蓋洛普（Gallup）的調查，除了合理的薪資以外（看得見），部屬更期望在工作中得到內心的滿足感（看不見）。他們歸納出五個主要因素：

　　(1) 希望得到上司對他的能力的尊重及肯定

　　(2) 要給於適當的機會或適當的培訓，因此對組織有貢

獻、有價值感

(3) 不希望重複做無關緊要的小事，要有發展的空間

(4) 切望得到上司正面或負面的回饋，方知道該如何改進或進步

(5) 薪資問題，若以上得不到滿足，則認為付出與回報不相符

這五點帶出了兩種完全不同的管理模式：

「權威式管理」出發點只為利己的業績，奉行高壓、利誘，不斷壓榨部屬，經理人將部屬視為可任意驅使、擺佈的旗子，隨時掌控部屬的一舉一動；此管理法雖有立竿見影成效，卻是短多長空、無法持久，只適合管理知識、文化層次較低的員工。

採用權威式管理的企業或主管，其員工一旦意識到自己只是棋子，甚至面臨用完即丟的命運，勢必缺乏認同感、歸屬感，也喪失工作的熱情和鬥志，工作也一定只求交差了事；若有跳槽機會一定馬上辭職走人的。

「感召式管理」的出發點是利他之行以達利己之實，經理人總先將部屬的需求置於自己的需求之上，與他們共榮共辱，信任、尊重部屬。在工作上，時時主動關懷部屬，協助他們超越自己、持續進步，激發其最高潛能；同時能放低身段、仔細聆聽他們的心聲，以同理心思慮他們的處境，並欣賞、讚美其長處。

當部屬感受到成就感、榮譽感，工作自當全力以赴，並全力配合主管的指令，與其他同事相互應援，達成團隊的目標和任務。雖然，初期部屬可能半信半疑，但經理人持之以恆、信

守承諾，必可取得他們的信任，從被動聽命從事轉為主動積極任事，而且絕不爭功諉過。

　　貫徹感召式管理的企業、部門，管理者和部屬雖有職位高低之別，但經理人將部屬定位為合作夥伴，和他們分享理念、願景，致力使其成為共同的目標，並讓他們由衷認同，在齊步向前時雙雙均能成長，團隊戰力必可越戰越堅強。我深信職場上亦有愛，經理人向部屬傳達關愛，也必將獲得部屬善意的回報。

【觀念更新】

　　你之前曾聽過「感召式管理」嗎？學習到「權威式管理」及「感召式管理」的差異之後，你自認是屬於哪一種？希望有所改變嗎？

　　權威式管理在二十世紀當道，但到了二十一世紀，尤其在後新冠時代，感召式管理會逐漸當道，因為二十一世紀的知識型員工，無論知識、能力皆遠高於二十世紀的生產型前輩，但精神狀態卻較為焦慮、混亂、不確定，對工作不只要求合理的薪資，更希望擁有認同感、歸屬感、參與感、成就感，對未來充滿夢想，這些特質的工作者非感召式管理無法統御。

　　共贏法則的精髓在於：協助並提升他人的有形、無形價值，就是提升自我價值的最佳途徑；提升自我的自尊、成就，最快的實現策略乃是提升他人的自尊、成就——自我與他人的提升是同時發生的。

一個完全向錢看的企業，即使一時風光終將曇花一現，很快衰退甚至消失；反倒是若干奉行共贏法則的企業，因致力產製優質產品、提供客戶優質服務、有計畫地回饋社會，最後卻可長盛不衰、日益興旺。

「權威式管理」與「感召式管理」孰優孰劣？相信答案已經不證自明！

贏在起點的慣性思維（從外到內）
憑眼見、靠慣性 what → how → why → 權威式管理
現實面：發生什麼（what happened） ——帶領部屬的出發點是，以達成任務為唯一目標，任何與目標衝突的事都不考慮 ——自己的職涯是與業績直接掛勾的，部屬是幫助我做成業績而存在
精神面：如何回應（how to respond） ——將部屬當成聽命的棋子般任意使用：靠規則及級別 ——激勵原則：用高壓、強迫或利誘的手段來達到管理目的 ——執行原則：命令及掌控
生命面：為何而戰（why do I fight） ——利己心態
結果：這種以利己為優先的管理模式，只適用於低知識員工，且只能得短期效果
贏在拐點的超理性信念（由內至外）
進內心、見願景 why → how → what → 感召式管理

生命面:為何而活(why do I exist)
——我何不幫助部屬也得到我內心的渴望(德力 + 魄力)
——我為什麼不服膺共贏法則:「利他永遠是最好的利己」?(眼力 + 德力)
——因回到內心深處,而能看到比體與魂層次所處狀況中更大、更遠的管理法則

精神面:如何突破(how to breakthrough)
——用願景及價值的認同,以達部屬是業績的合作夥伴(德力)
——激勵原則:激發部屬潛能(魅力 + 德力)
——執行原則:幫助部屬成功(動力 + 德力)

現實面:結果如何(what is the result)
——部屬全力以赴,為自己及業績而戰、超乎所想
——忠誠度高:對公司有認同感、歸屬感、將自己前途與公司成敗視為一體

結果:生命影響生命,部屬因受啟發、激勵,並在實際工作中得到印證,因而生命改變

【反思學習】

你在目前的工作崗位上需要帶人嗎? 無論是身為領導者或是一般工作者,如何在工作中帶出「共贏法則」?

CHAPTER 6

—— ● ——

生命影響生命

　　試想一下，如果你今天已經離開一家公司多年，聽說前老闆（前主管）要出書，你會自告奮勇說要幫他寫「推薦文」嗎？內容又會寫些什麼？

　　2015 年我正在撰寫《贏在扭轉力》這本書，有個摩托羅拉以前的同事得知後，開心地去告訴一些還保持聯絡的摩托羅拉前同事，說：「Roger 在寫書，你們要不要寫一些東西，記錄你們以前發生的事情。」

　　經他這麼登高一呼，一下子就有二十多篇文章出來，有的人用中文撰寫，有的人用英文撰寫。出版社總編輯看完之後，直說：「這個很好！很適合放在新書當中，英文的部分就由我們來負責翻譯。」

　　我自己也感到非常驚奇，心想：「這些人已經跟我失聯十多年了，他們文章當中描述的共事情節卻栩栩如生、宛如昨日。有很多事情我都忘了，他們卻記得一清二楚……。」

這也是我第一次有機會從他們眼中，來看自己早年在摩托羅拉當領導者的樣子，這時我才發現，他們寫的很多東西都跟「扭轉五力」有關。也就是說，在寫《贏在扭轉力》這本書之前，在 1995 至 2002 年任職摩托羅拉通訊事業部亞洲總裁時，在與他們的互動中，我就已經把「扭轉五力」活出來了。

我想這也就是為什麼即使分開那麼久，我也不再是他們的老闆，彼此沒有利害關係，他們卻仍主動幫我寫新書的推薦文，同時也談到了我對他們在職涯或生命的深刻影響。

他們的回饋亦證明了，真正的領導者在做事方面，永遠要懂得帶領部屬向外發展。他們會把跟我共事的事情記得那麼清楚，是因為當時的摩托羅拉是一個「內捲化」的環境，讓他們感到很沮喪，卻不知如何突破？直到我接棒之後，原先的困局才逐漸解開，他們也因此見識到領導者的不同格局。

第一，起初他們也感到自我懷疑，不相信亞洲人做得出手機，因此一度不解為何不繼續跟美國總部拿手機來賣，反正賣不好就推給美國，何必要承擔責任呢？但在我的堅持下，他們跟著我陸續打贏了三場商戰，自信心也因此建立起來。

第二，我在帶領的過程中，並沒有權威式地下指導棋，而是感召式地分享願景來激勵他們，相較於一些不認同而離開團隊的人，他們是渴望活出內在生命的一群，所以一聽到我提出來的願景，就像是觸電般地被喚醒。

那時候，摩托羅拉內部也有一些很厲害的人才可以重用，但當我發現他們是「內捲」的思維時便作罷。我希望招聚在一起的是本來就想「反內捲」的人，只是不知道該怎麼去做，而我就是扮演激勵的角色。至終，我們不但把事情做成了，同時

也把人訓練好，他們才會記得這麼清楚。

　　如果當時我不是讓他們共同參與及成長，而是用威權手段逼他們聽命行事，那麼現在回頭來寫當時的共事經驗，可能就是不同的寫法了！

【情境體驗】

　若你今天有機會出版一本書，以往合作過的同事或是帶過的部屬得知後，你覺得他們會願意主動幫你寫推薦文嗎？可能會怎麼形容你？

最高的領導境界：做事外展與反內捲

　　不知道大家有沒有發現，目前常用描繪發展的英文單詞，均是來自拉丁文 *volute*（滾動）的這個字根，像是：

　　involution：（向內的）內捲

　　evolution：（向外的）進化

　　revolution：（再次的）革命

　　所謂的「內捲化」，是指個人、企業、組織、社會或文化模式，在某一階段達到成功的典範之後，因為外部環境的改變，加上內部拒絕改變，便呈現出停滯不前、無法轉化為另外一種更高級典範的「內捲現象」。

　　當組織出現內捲現象，就會不斷向內演化、轉圈圈、無意義的內耗、低水平重複工作（如：996 工時，朝 9 晚 9、每週工作 6 天），貌似精益求精，但各部門只管自己份內事——按

部就班、埋頭苦幹、樂此不疲，只在有限的內部範圍施展，不向外拓展。所以，無論多努力都是徒勞，一旦內捲漩渦形成，組織崩盤結局就是遲早的事。

內捲的工作方向是向內收斂的，而不是向外拓展：(1) 無意義的精益求精；(2) 將簡單問題複雜化；(3) 低水平的模仿和複製；(4) 限制創造力的內部競爭；(5) 同一個問題無休止的挖掘研究。

當一個組織不願也不能向外發展時，就發生不斷向內滾動，屆時不僅各部門會出現互扯後腿的內鬥，組織內部也會把時間花在規章、級別、制度的不斷重組，因此組織一旦出現內捲，對外的開展也會停滯。

至於內捲是如何形成的呢？內捲是外部和內部共同造成的結果，但至終的起因是內部領導階層造成的，若人們只糾結於眼前的一畝三分地，陷入項目與工作，像驢被蒙住眼在原地打轉，就無法抬頭仰望更遼闊的星空。

內捲組織如同陷入中年危機的人，充滿疲累和壓力，也失去激情；「反內捲」則需要有年輕人心態，要有向外發展的熱情、無知無畏的勇氣，以及改變環境的決心。

1995 年剛到摩托羅拉亞洲手機部時，在北京是只有 30 多人的銷售團隊，天津工廠只有一條生產線，是摩托羅拉手機部最小、最弱的隊伍。位於芝加哥的北美手機部，是當時手機部總裁一手建立起來的組織，也就是所謂的「嫡系部隊」，更是全球 1G 手機的創始者。

他們是天之驕子，不僅研發、工程、生產、銷售等人才濟濟，簡直是夢幻隊伍，一舉一動也備受媒體關注。但他們似乎

被以前的勝利衝昏了頭，很少再問「為何而活」（生命面的異象），只關注在眼前成功的基礎上（現實面的表象），如何獲取更大的市場？賺得更多的盈餘？

　　以這種主導的運營模式，不僅對外部環境的巨變視而未見，還呈現「內捲」狀態，寧可死守舊業，也不要自我革新半步，因而在 1G 到 2G 的變革中敗退、在 2G 到 3G 的轉變中完全潰散。由此便不難理解，何以人在美國的全球手機部門總裁，起初會以「開除」為要脅，阻止我投入手機的研發，迫使我只能以暗渡陳倉的方式來向外拓展。

　　反觀我帶領的亞洲團隊，之所以能在「手機中文化」、「CDMA 手機」、「智能型手機」等國際商戰都一路打勝仗，正是「反內捲領導」發揮作用。以下就是我們的比較：

北美的內捲：產品研發方向	亞洲的外展：產品研發方向
短期、提高生產力	創新、長期突破的思潮
過度強調外表硬體的精益求精（輕薄短小）	著重發展內在核心專長的軟體、互聯網與雲端功能
選擇成熟平台、買專利、用微軟	自創平台、自主研發、棄微軟用 Linux

【觀念更新】

　　你有聽過「內捲化」這個概念嗎？此狀態是否也適合用來說明你目前的工作或人生景況？

最高的領導境界：激勵與啟發

一個具備高度風險意識且有膽識的領導人，固然可以得到部屬的信服，但若想贏得部屬義無反顧的追隨，則有賴於更高的領導境界——激勵與啟發！

你可能已經注意到，為什麼有些人或組織，比起其他人或組織更能創新、更有影響力，以及更有成就？為什麼這些人及組織能贏得員工及客戶更高的忠誠度？而且能夠不斷地重複成功？

關鍵便在於，這些人或組織很清楚自己是為何而活。因此身為領導人，若是能激勵與啟發部屬的內在使命，那麼他在為你工作的同時，更是在為自己心中所認同的願景和意義而做，動力自然源源不絕。

我常說，世上有兩種方法可以影響人們的行為——操控或啟發。

操控靠地位、權職，甚或是利益，可幫助你獲取短暫的交易，但被操控的人（部屬）是因你而做，只在現實面和精神面的層次交流；一旦威脅或利誘的因素消失，便不再為你努力（圖 6.1）。

啟發卻能深入他人的生命面、激發一個人的長期忠誠，啟動由內而外的自願跟隨，而且是為己而戰，努力也是於自發於內（圖 6.2）。

一個偉大的領導者不僅能啟發人去行動，而且能直接進入部屬的內心，幫助他們看見一個比目前狀況更大、更遠、更有價值的願景，進而賦予「為何而活」的目的感，以及為此而生的歸

圖 6.1 領導模式—操縱及管控—帶出短暫的交易

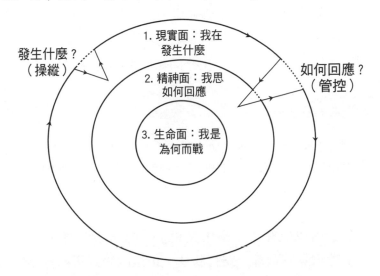

發生什麼？
（操縱）

1. 現實面：我在
發生什麼

2. 精神面：我思
如何回應

3. 生命面：我是
為何而戰

如何回應？
（管控）

圖 6.2 領導模式—啟發及激勵—引發長期的忠誠

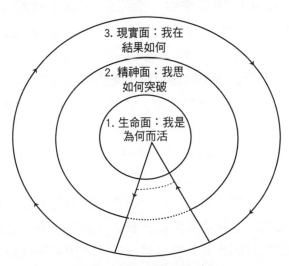

3. 現實面：我在
結果如何

2. 精神面：我思
如何突破

1. 生命面：我是
為何而活

啟發、激勵，直入生命面

屬感。這種內在呼喚通常與外在的獎勵及益處無直接的關係。

摩托羅拉美國手機總部高層，屢屢採取「操控式領導」，而我無論是對待轄區內的美國員工還是本土的亞洲員工，我都是採取「啟發式領導」，帶出來的結局也因此不同。

【觀念更新】

在讀到本章之前，你是否知道領導還可細分為「操控式領導」和「啟發式領導」？若你身為領導人，將會採用哪一種領導風格？

我之所以能在「手機中文化」、「CDMA 手機」、「智能型手機」等國際商戰都一路打勝仗，正是啟發式領導發揮作用，讓我得以號召一批死忠的土洋精兵。在三大向外擴張中，他們都在大方向的願景及策略中，找到了自己的定位點（why do I exist），也都認同執行的方法（how to breakthrough），全心投入後，在成果（what is the result）中更堅定信念（why）的正當性，如此形成多次正向循環後，便將此法烙入內心。

我沒有雇用那些很有能力（北美介紹的品管、設計、工廠主管），卻難以激勵他們（去內捲化）；反而是找關鍵少數，也就是原本內心就被我的願景、做法激勵（反內捲），在摩拳擦掌中再去啟發他們。

在與總部內捲文化抗爭的過程中，面對每一位部屬在執行任務時屢遭總部的挑戰及暗箭，我必須親自出馬，在高壓的會議中幫助他們打開出路；在他們工作陷入困境時也必須藉著一次次的一對一討論，協助他們理清思路；同時以身作則手把手

地教會他們，藉此建立堅強的互信。

　　在亞洲手機部，無論是美國員工還是亞洲員工，他們從我的「啟發式領導」中，確切感受到誠意和創意，也因此激發他們的內在熱情。誠意和創意除了可以運用在領導，亦適用於企業或組織「文化」的建立。只要能夠做到這兩點，相信身為領導者的你，可以贏得員工發自內心的認同及愛戴。

　　所謂的誠意（sincerity），指的就是一套做人的原則（德力 + 魅力 + 動力），其中包含：
　　　　——以誠待人，正派經營（honesty）
　　　　——互信互重，和諧合作（respect）
　　　　——全力以赴，勇於負責（team work）
　　　　——合規合格，品質至上（ethics）

　　創意（creativity）則是意指一套做事的原則（魄力 + 眼力 + 動力），其中包含：
　　　　——顛覆傳統，不斷應變（edge）
　　　　——精益求精，追求卓越（excellence）
　　　　——勇於冒險，正面思考（courage）
　　　　——滿懷希望，創造未來（hope）

　　這絕對不是靠運氣！北美的團隊與我們一樣有雄心且十分努力，也能夠做到創新，但為何只有亞洲部門能持續向外拓展，關鍵還是在於，我的言行的專注點都是從內（why）開始而到外（what）的。底下就是他們的故事。

起先的五位中國員工跟之後的五位美國員工，不同之處是，他們年輕也更沒經驗，但都是從我一接任亞洲區總裁時就被挑選在部門裡面，因此親眼見證手機中文化和智能手機是怎麼做出來的，也看到 CDMA 這一仗是怎麼打的。

【反思學習】

若你身為領導人，在領導部屬的過程中，會透過願景試圖激發他們的內在使命嗎？若你身為工作者，是否有懷抱著內在使命在做當前的工作？

■ Brian Lu，蘋果公司副總裁兼亞洲區、大中華區銷售總經理

以往中國員工總習慣性地以為，手機產品只要由美國總部提供就好，但自從推出手機中文化，他們的眼界從此打開，真實體會到我所強調的「創新」並非停留在口號，而是每天都要活出來的熱情和使命。

我也直接參與本地員工的訓練，教導「原則導向的職涯規畫」課程，是《贏在扭轉力》一書的前身；透過一對一的談話，也跟他們個人之間有很多的關懷和連結，因此美國員工把我當作合作夥伴，中國員工則是把我當成可敬的長輩。

Brian Lu 就是我們當初重點培養的本地人才之一，因為親自參與並見證了三場商戰，在幫我撰寫推薦文時，特別強調產品的重要性。

　　儘管離開摩托羅拉十幾年，每次大家聚會都會談及孔先生。在摩托羅拉乃至大陸通信界，孔先生是個傳奇人物。是什麼讓孔先生成為如此出色的領導者？如果當時是孔先生領導摩托羅拉全球手機部，情況恐怕會大不一樣。

　　孔先生有很強的產品能力，無論以前在半導體行業，還是後來在手機業，產品創新是他的特點（產品面的「眼力＋魄力」）……在別人都在談「滿足用戶需求」時，他的理念已經轉變為「領導用戶」，直到目前，全球也只有少數幾個公司有勇氣、有能力做到這一點（銷售面的「眼力＋魄力」）。

　　孔先生在經營上也始終強調創新，要求與眾不同。每次討論工作，他最多的提問就是「有什麼新的想法嗎？」、「還有不同的方法嗎？」（魄力）……長時間在孔先生的領導下工作，不知不覺讓我養成了喜歡找出新思路的習慣，從不對現狀滿意的風格，這對我後來的職業發展有很大的幫助。

　　當時的摩托羅拉手機全球市場盡失，但亞洲區始終保持優秀的業績，並在許多國家市場占有率第一，主要勝在產品。而成功的幾款產品，幾乎全是由孔先生主導的團隊在亞洲本地研發的……。產品是公司成敗的關鍵，領導者是產品的靈魂。孔先生作為摩托羅拉在亞洲區的領導者，無疑是許多年前摩托羅拉在亞洲成功的關鍵人物。

　　另外，Brian Lu 也提到一個令他此生難忘的小故事！

　　在 2000 年，我的女兒診斷出天生帶有一種較少人得的疾病，當時由於醫生沒有經驗，告訴我們沒法治癒。這個消息猶

如晴天霹靂，擊垮了我和我太太，我們太愛我們的女兒了。我立即就向公司提出辭呈，為幫女兒治病，我不能工作了。那段時間，我們度日如年。

沒想到幾天後，人事部約談我，告訴我在孔先生的爭取下，公司特批我們可以去全球任何醫院為女兒治病，所有醫藥費用以及行程由公司全包。人事部還提到，當他們向孔先生報告此事時，孔先生流下了眼淚，叮囑人事部全力以赴提供幫助。所幸後來，經過大家的努力，女兒順利度過了這一關，健康成長。

現在每當回想起那段難熬的歲月，雖然是很多年前的事，孔先生的關愛及鼓勵，仍讓我們全家感激不已。這樣的例子不勝枚舉。孔先生對員工全心全意的關心和愛護，讓公司充滿溫情，也令我們對他的為人十分敬佩。（德力＋魅力＋動力）

孔先生回美國了，我悵然若失。離開摩托羅拉後，雖然見面機會少了許多，但總覺得他還在大陸、就在身邊，我有問題、有想法可以隨時找他談。回想起在他的團隊裡工作多年，有時竟分不清他是我的上司？兄長？導師？朋友？但有一點十分清楚，在我的職業成長中，孔先生起了至關重要的作用（生命＋德力）。許多在摩托羅拉工作過的員工都有同感，直到現在，還經常有人講：「哪怕不給我工資，我也願為孔先生工作」──此即為領導的最高境界。

【情境體驗】

若你身為領導人，面對部屬突遇家庭變故，甚至因此需要離職，你可能會作何因應？

■ Grant Zhou，前三星大陸手機市場部總經理、前中華英才網 CEO

Grant Zhou 也是曾經參與商戰中的要角。在我的指派下，曾經策畫過多項重要項目，像是早期作為專案經理時，協助管理層在中國進行合資公司的談判，以及後來領導並成立中國本地的 CDMA 手機業務，藉此學習到很多前瞻性的思維。此外，他對於我在任期間著重本地人才的培養和帶領也特別有感。

作為領導者，必須能夠給予員工適當的指導和培養。由於時代的侷限，中國本地員工主要是由技術出身、但管理和經營經驗有限，思考問題往往侷限於技術及眼前得失，而 Roger 教給大家如何把技術優勢轉化為商業優勢。（魅力 + 眼力）

中國員工多內向、不願意爭執，而 Roger 則鼓勵大家為完成工作而進行爭論。他多次講過：「在一個專案開始時，大家為了顧及面子而迴避矛盾，會因此而無法完成專案，最終大家都沒面子。如果為了一個好的結果，開始時大家發生衝突，最終仍會歸於和好的」（魄力）。……這也成為我教育團隊的話題。在 Roger 手下工作過的本地員工，後來很多都成為各大公司的高管。（生命）

Grant Zhou 還提到，因著從旁學習到，我和來自美國、中國、香港、台灣、新加坡、馬來西亞、韓國、日本等十幾個不同國家及文化背景的員工互動，也讓他學到了領導跨國團隊的技能和經驗，為後來的生涯發展打下堅實的基礎。（生命）

【情境體驗】

若你身為一位領導人，發現團隊成員為了顧及彼此的面子而迴避矛盾，你會怎麼做？

■ C. P. Lee，MFLEX 全球人力資源副總裁

C. P. Lee 時任人力資源部的主管。每次的業務會議我都會邀請他一同參與，以便人資部門依照商業的需求，訂立人力資源策略。一開始參與時他很不習慣，也擔心被其他部門的人看不起，但是進來一段時間後，他發現參與這樣的會議確實很有幫助。

身為企業的領導者，Roger 了解市場的情緒，掌握他所領導的人的脈動，能凝聚所需的資源，比競爭對手更好地服務顧客，並且以嚴守紀律的態度執行業務計畫，藉此完成一個接一個的戰略目標。（魄力＋眼力＋動力）

比起說話，他更常傾聽。他讓別人深信他無懈可擊的理念，對於在中國培養年輕人才，展現濃厚的興趣，堅持自己的承諾、並要求團隊成員彼此尊重；他總是謙和待人，以高度的道德原則與人來往。（德力＋魅力）

孔先生讓我印象最深的就是承諾的重要。一旦簽訂了協議，就會堅持到底，直到達成預期的結果。這意味著沒有藉口、沒有責備，只有完成事情的決心和毅力（動力＋德力）……。此後，在我的職業生涯發展中，我也一直抱持著這

樣的價值觀。（生命）

若你身為一位領導人，會花大部分的精力在帶領團隊完成目標，還是在檢討和指責團隊為什麼做不到？

■ Tom Guo，苗聯網董事長

Tom Guo 時任策略市場部的經理，經常在每個月的例會中聽我描繪願景，並且從中得到啟發。

我對孔先生最深刻的印象在於他的遠見。大概是在二十幾年前，在一次內部管理層會議中，孔先生就描繪出今天智慧手機的應用場景，就指出了手機必定智慧化、並取代個人電腦；手機如同個人錢包一樣是人類的必需品。今天回想起來，不得不佩服孔先生的遠見卓識！（眼力）

孔先生是外國公司在大陸率先推動管理團隊本土化的先驅者。摩托羅拉在大陸推出了各種幫助本土團隊成長的培訓計畫，例如 CAMP，培養了一大批管理人才，目前這批人才是大陸資訊產業和互聯網產業的中間力量！（魅力）

孔先生最讓我感動的是對於個人尊嚴的肯定，這是得人信任的核心價值觀。在我眼裡，孔先生永遠是導師、是益友，讓我懂得我們不但要努力工作，為公司、為自己創造財富，更要為自己、為國家獲取尊嚴！（德力＋生命）

【情境體驗】

若你身為一位領導人，會主動跟團隊成員分享願景，進而激勵他們嗎？

■ Jason Pan，Motorola Mobile Device 服務總監

Jason Pan 時任產品維修服務總監，也是常聽我如何把一個攸關未來的複雜概念，用簡單的方式講給他們聽，進而被激發內在熱情。

每次參加 Roger 的會議，都感到特別有收穫，他對行業的超前理解，對業務佈局的遊刃有餘，都帶給團隊無比的信心和激情，每每想起，我都對能有機會在 Roger 旗下工作感到自豪。

Roger 喜歡打籃球，在激烈的對抗中攻城拔寨，如探囊取物一般。他的熱情、激情、充滿活力，給我們非常積極的鼓勵。我一直堅持打籃球，並從中感受這份激勵。（眼力＋動力＋魅力＋生命）

Roger 是我認知外企中最優秀的經理人，他是摩托羅拉人人稱頌的豐碑式人物，無論他做什麼，都會有很多人願意追隨。（生命）

【情境體驗】

若你身為領導人，有自信會是一位讓部屬發自內心想追隨的人嗎？
他們會因為有機會與你共事而感到自豪嗎？

■ Chris Colonna，美國 NAVTEQ 策略管理公司負責人

當我提出到韓國收購 CDMA 手機設計公司時，遭到美國
總部的反對，質疑為什麼不在美國找工程師？當時我的解釋
是，美國工程師的人事費用是韓國的好幾倍，一下子也招聘不
到那麼多合適的人選，倒不如直接到韓國去收購現成團隊。

為此，我還找來了一個美國人，名叫 Chris Colonna。那時
需要一個到韓國衝鋒陷陣、搶攻灘頭的人選，以便協助我收購
幾家設計公司，以及後續在韓國設立 CDMA 設計研發團隊，
因為任務重而且時間急，我就使用高任務、低關係的「指導
型」領導模式，直接向 Chris 下指導棋。過程中只要他遭到美
國總部刁難，我就會親自飛回美國總部擺平困難，而他的工作
表現也不負我所望，最後為公司做出了很大的貢獻。

猶記得我跟 Chris 一起去訪視即將收購的韓國團隊時，
早上談完、中午用餐時間，Chris 表示要帶我去一家大飯店吃
飯，但當我得知韓國團隊準備吃「大鍋飯」時，我就提議說：
「應該跟他們一起吃這頓飯，以免被他們以為我們好像是高高
在上。」後來因為那頓大鍋飯，我們跟韓國團隊的距離也確實
拉近不少。

Roger 的領導力非常罕見，這點體現在他能夠和摩托羅拉的核心團隊工作，克服了公司內政治的界線，讓寒冷的大陸手機市場成為亮點。（魄力＋動力）

Roger 熱中於讓他的團隊覺得他們共屬於一個大家庭，也讓他們覺得工作充滿樂趣！（魅力）

Roger 是我職業生涯中最尊敬的領導人之一，現在是，以後也是。回頭看他的領導，再與我時下看到的領導方式作比較，我要說，我們需要他回來再次帶領我們！（生命）

今日的領導人 讓所有東西的水準都下降了，還對此毫無線索——這全是因為今日的老套作風。他們太懶惰了，賺大錢卻什麼都不做，真令人羞恥。但 Roger 不是這樣，他跳進來用熱情激勵每一個人（魅力＋德力）。信不信由你，在我的團隊中，我確實使用著 Roger 的風格和他們一起努力工作，以履行他的教誨。（生命）

【情境體驗】

若你身為一位領導人，面對旗下主管屢遭其他部門的刁難，你會挺身而出去協助擺平困難、讓旗下主管更有所發揮嗎？

■ Chris Kremer，美國 Success Catalyst 創始人

先前在直搗黃龍案例中提到，美國總部的 250 名工程師，猶如一盤散沙，而且分成四個團隊，彼此之間還時常意見相左。後來得知 CDMA 歸我管，大家立場反倒一致，竟連署向

人事部抗議，因為，我曾暗渡陳倉私募亞洲手機研發團隊、並擴充天津廠的生產線；他們憂心我將大舉裁員，轉至亞洲另起爐灶。

有次，我跟這 250 名工程師開會時，做了一場三十分鐘的演講，內容主要在談我對 CDMA 手機市場的評估，以及接下來的研發策略。在場很多人舉手發問，言談間大多充滿質疑，或者說得更直接一點就是，這些工程師根本不相信我說的話。

面對一連串的質疑聲浪，最後我告訴他們：「我不需要做任何解釋，也不想講討好你們的話，你們只要做一件事情，就是把你們夢寐以求的高檔 StarTac CDMA 手機在九個月內做出來，而且我可以保證，未來這個手機不只在美國會大賣，還會賣到世界各地去。」

設定了明確目標，我還找來研發部的副總裁 Chris Kremer 帶領他們。基於當時所處的境況，我對 Chris Kremer 採取「影響型」領導模式，也就是用「說服」的方式請他做整合管理的工作，後來他也順利完成任務，把 250 名工程師從四個不同單位整合成一個團隊，專門負責設計 CDMA 高端手機。

九個月後推出的 StarTac 翻蓋手機，果然一舉席捲美國，韓國和其他市場，讓美國團隊在內捲的情況下，尋覓到一個向外拓展之路，也讓他們重拾團隊信心和價值。因而 Chris Kremer 在撰序時提到說：

Roger 對人有敏銳的判斷力，並且知道如何激勵他們。他始終明白，要激勵人們贏得成功，要先讓他們覺得這個目標非常重要，而對這個目標來說，他們的參與也同樣重要。（魅力

+德力＋生命）

他巧妙地把時間用來了解人、組織制度，以及激勵團隊達成超越預期的成果。他持續打造出比預期更好的結果（魅力＋動力＋魄力），激發了我去仔細觀察、學習，也讓我最終效法他的領導方式。（生命）

重要的是，他熟知不能在任何企業領域做「過度管理」或「微觀管理」。他的委派是以信任為基礎，並且透過激勵人們完成他們預期的成果來達成目標。（魅力＋德力＋動力）

Roger 很善於與人連結，以此為了解問題、克服挑戰和利用機會等方面建立有意義的脈絡。在商業的比賽中，他的團隊始終是獲勝的一方。為 Roger 工作的經驗和從中習到的功課，在我進化為領導人的過程中，獲益極大。（生命）

【情境體驗】

若你身為一位領導人，會採取過度管理或微觀管理嗎？還是能做到以「信任」為基礎？

■ Tom Masci，新加坡 MilenniaAsia Pte Ltd. 總裁

經過「手機中文化」一役後，讓我們順利打下中國 GSM 手機市場的江山，後來我又臨危受命，接下研發 CDMA 手機的艱困任務，為了專心攻打這一戰，我找來另外一個美國人 Tom Masci。

Tom 既聽命令又善於守成，因此我是採取低任務、低關係

的「委託型」領導模式，也就是「委任」的方式，讓他放手去做，最大的任務就是守住中國市場的 GSM 業務。

對於這一點，其實美國總部也很有意見，常以「中國沒有符合資格的經理人」為由，主動說要派美國專家過來坐鎮，甚至擔任高階經理人一職，但說穿了就是想藉此監督並分化我們，所以都被我回絕；況且在我當時的想法裡，本來就打算培養本土人才，總部的人一來，勢必會打亂這一切的計畫。

Tom 雖然是美國人，在這方面的想法卻跟我一樣，不只穩穩地固守既有中國市場，也協助成立很多培養本地人才的計畫，讓我無後顧之憂地前往韓國打 CDMA 的仗！在推薦序當中，Tom 提到：

Roger 是一個有遠見的領導人，擁有堪為模範的溝通技巧，這讓他能夠說服他的成員，分享他對於全球手機市場應當成為什麼樣貌的願景（眼力＋魅力）……在發展市場之前，他已經先看到了發展的趨勢。他重新安排、調整他所領導的產品發展團隊，讓他們和我帶領的銷售與市場營銷團隊配合無間（眼力＋動力）。以當時的摩托羅拉來說，這份能力非常神奇，因為那時的摩托羅拉，在全世界的經營中都看到了內部功能因內捲帶來的衝突與失調。（魄力）

Roger 對他的團隊成員忠誠得令人難以置信，他尊重他們，並經常在他們做對或做錯的事情上給予「慈父」的建議（德力）。他的口頭禪是教導和鼓勵他團隊中的每一個成員，不管他們的職等高低，讓他們努力、聰明地工作，透過協力、創意和具有彈性的策略來達成組織的共同目標；而且總是有一

個應急的「B計畫」以確保目標成功。(魅力＋眼力＋魄力)

待在企業界的三十年裡，我從來沒見過比他更面面俱到、更受到尊敬、更有紀律、更專注、更具遠見的經理人(生命)……。他是一個真正寬容的經理人，不論他們有怎樣的背景與文化，在東方與西方的文化間建立起橋樑，帶出了個人與組織的最佳績效表現。(德力＋魅力)

【情境體驗】

若你身為一位跨國企業的領導人，會推動「本地人才」的培養計畫嗎？

■ Paul Pelski，Paratek Microwave 亞洲總經理

當我發現最擅長設計低端計算機的公司都在亞洲(尤其是台灣)時，我就找了一位名叫 Paul Pelski 的美國人，請他去拓展亞洲低端手機的 ODM 業務。這個任務並不是很重(因為我們自己也在做)，卻很急(可省下研發資源)，適用低任務、高關係的「合作型」領導風格，我「啟發」Paul Pelski 去完成低端手機 ODM 的業務。對於過往的這段合作關係，Paul Pelsk 在推薦文當中是這麼形容的：

Roger 是亞洲地區手機 ODM 業務的「父親」──ODM 這個字眼，在九〇年代還並不存在。(眼力＋魄力)……我的職業生涯中最愉快的工作經歷，就是參與亞洲市場的那段時期，

在 Roger 的領導下，和一個特定的摩托羅拉團隊進行我的任務。（魅力＋動力＋生命）

Roger 和我以前報告過的領導人很不一樣。在面對團隊一定會有的爭論或問題時，他很少訴諸情感，更多的是合作與沉思（魄力＋魅力＋德力）。……他明確地界定了目標，在短期達到損益的「迫切」要求（動力），以及新興的全新成長方向所需的必要投資之間，維持良好平衡。（眼力＋魄力）

【情境體驗】

若你身為一位領導人，會依據任務特性的不同，而對主責同仁採取不同的領導風格嗎？

■ Farooq Butt，Dell 策略長

當時協助我的一位幕後靈魂人物，就是名為 Farooq 的產品策略負責人。他的技術能力很強，而我的產業敏銳度略勝一籌，兩人就成了很好的配搭，因為一個懂產品研發、一個懂市場塑造，正好是產業微笑曲線的兩端。

每當他提出一個新技術，像是互聯網、雲端等等，我就可以進一步告訴他，如何用這個技術塑造出一個新的產業。摩托羅拉最早一款行銷全球的智慧型手機，就是在這樣的脈絡下誕生的。

繼手機中文化、CDMA 手機大戰之後，接任亞洲手機部總裁後的第六年，我們推出了「太極智能手機」，功能雖然沒

有當今的智慧型手機來得強大,但在當時手機與 PDA 仍處分流的年代,太極智能手機除了擁有手寫的大觸控螢幕,還可以上網瀏覽網頁,堪稱是一款顛覆性的創新產品。

研發過程中有個小插曲是,美國總部強烈要求採用微軟的手機操作系統,我和 Farooq 都持反對意見,原因是那時候我們已經成立端對端(雲端對終端)的研發部門,假如使用微軟操作系統,日後技術就操控在別人手裡,所以我們決定選用開放程式碼的 Linux 操作系統──這也是我後來在業界被譽為「Linux 智能手機之父」的原因。

只不過,跟總部抗衡的過程並不容易。每次 Farooq 回總部開會,趁著我不在場,高層就專門圍攻他,藉此逼我們採用微軟的操作系統。

總部高層還說,公司支付給微軟的高額費用,應該是由美國總部、歐洲、亞洲這三個部門平分,若是亞洲手機部門不採用微軟系統,就會提高其他兩個部門的成本。同時還強調,「沒有一個手機公司能夠去控制雲端」,意思是要我們放棄自行研發的企圖心。

最後受不了他們屢屢找 Farooq 麻煩,我直接飛到總部談判,擺明立場說:「好,為了保持大家的和諧及尊重,即使未採用微軟系統,我仍同意分攤十分之一的費用,但絕不會付到三分之一⋯⋯你們要嘛就拿,要嘛就什麼都沒有,而且我不准你們以後再來煩我們這邊的人。」

經過這番有膽識的表態,總部才慢慢停止類似的干預和施壓。之後因著太極智能手機的推出,摩托羅拉的亞洲部門銷售成績再創高峰,營收高達四十億美元,員工也擴充到 5000

人——當時我們不僅成為摩托羅拉手機部最強大的隊伍，還支撐總部整整兩年的盈餘。這些過程 Farooq 都參與其中，也看在眼裡，因而在推薦文當中提及：

> Roger 的領導風格是積極強勢（魄力），卻又冷靜泰然（魅力）……在「遠見」這個字眼被濫用的時刻，他展現了真正的洞察力，並且正確地形塑了這個產業（眼力）。
>
> Roger 打造一流的團隊，其中涵蓋許多不同人才（魅力），他關注的焦點一直是「學習和發展」，也絕不允許團隊裡的人畫地自限或驕矜自滿（魄力）……他總是推動團隊去尋找機會、超越極限（魄力），他能帶領亞洲資訊業務走向巨大的成功，絕大部分原因便是來自於此（動力）。
>
> Roger 是個有原則的領導人，從不抄近路、走捷徑。如果成功意味著要作弊，這絕不是他想要的（德力）……他一貫的聲明不是「去做！」而是「一起來做吧！」他傳達的是熱忱、熱情和尊嚴。（魅力）
>
> 我和 Roger 共事的經驗深刻而充滿意義，他給我做一個領導者的工具與方法，直到今日仍然受用（生命）……他是一位真正的導師和朋友，在他帶領下，我得以成為一個真正的領導者與決策者。（生命）

【反思學習】

透過上述這些行業菁英的分享，從他們的眼中，你看見筆者是一個什麼樣的領導者？哪些領導特質最吸引你或是最想學習？

在生命中
找回自己

—————•—————

CHAPTER 7

人生目的：
來到世上做什麼

先前六個篇章，主要是描述我在職場的前二十八年，如何因應工作時的關鍵時刻，因進到內心深處的熱情，激發出扭轉五力的變商。熱情是兼具魂和靈的混合體，當時雖有神的同在，但神允許我的自由意志，所以神不一定有介入。

第七、第八章則是描述我在創業期間，面對前所未有的重重失敗，自己再怎麼靠著內心的熱情及扭轉五力，也難以扭轉劣勢，似乎武功全給廢了。

當我的人生因職場困頓而陷入靈魂暗夜時，來自內心深處的探問顯得特別清晰，讓人難以迴避：「我是從何而來？這一生又該往哪裡去？什麼是我人生的目的？什麼才是我最終極的存在意義？我到底是誰？……」但同時我也發現到，越是靈魂暗夜的時刻，心中的那顆北極星便越明亮，迫使我不得不跟隨祂的指引，這時的我方主動、有意識地求告神的介入，成為我前進的動力及方向。

　　對應工作上遇到彎道時的「關鍵時刻」，生命上的彎道我
稱之為「定義時刻」，雖然強調的都是彎道超車的概念，但具
體做法還是有所差異——關鍵時刻雖然有神的同在，但不一定
經歷神；定義時刻不但有神的同在，還同時經歷神。

定義時刻：回到內心深處的時刻

　　人生不在於才能、際遇、出生，人生是由選擇構建成
的——你選擇如何使用你的才能，如何處理際遇，如何不被出
生所轄制。所以你過去的選擇，構建成今日的你，「你」就是
你的選擇。

　　我們每天都在做兩種選擇，一種讓你越來越遠離自己，終
點是失落；另一種選擇，讓你越來越親近自己，終點是幸福。
你是選擇世界上的「第一」，失落了自己；還是選擇靈界的
「唯一」，找回自己後再追求卓越，做到專屬自己，而非世界的
第一。

　　除了至終的去處不同之外，你的選擇還可以幫助你在旅程
中的靈魂得到安歇，你的心得到喜悅，你的人生更有意義，生
活更美滿。

　　現在，你就可以重寫你的一生，做對選擇——先選擇唯
一，再做到第一，活出一個榮神益人的幸福人生。

　　定義時刻的真正含意，就是俗稱的「人生轉捩點」（圖
7.1）。平時（順趨勢）我們固然按照自己的喜好、經驗（亦即
憑眼見、靠感覺來過日子），但自己人生所處的環境往往會突
然出現重大改變（反趨勢），逼得我們做出「不尋常」的重大

圖 7.1 定義時刻—選擇唯一—做到第一

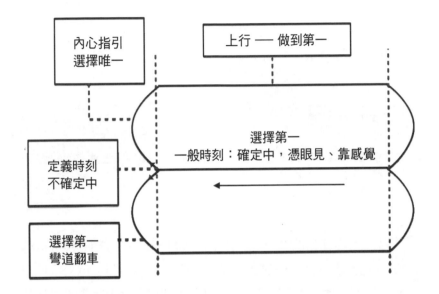

的決定；簡單來說，定義時刻就是當我們開始自我探問以下這些與生命有關的問題：

(1) 面對人生——你是選擇安逸的生活？還是剛強的生命力？

(2) 花錢原則——你是選擇想要的？還是需要的？

(3) 有人得罪你——你是立刻反擊？還是能暫時隱忍？

(4) 事奉神——你是選擇人人看得見的方式？還是沒有人看見的方式？

(5) 面對世間的誘惑——你是憑眼見靠感覺就去做？還是求告神的堅信？

(6) 人生的衡量——在於人的推崇？還是神的認可？

(7)《聖經》的原則——你是選擇性的相信？還是完全接受？

(8) 選擇工作——你是選薪水最高的？還是最有熱情的？

(9) 選擇配偶——你是選最好的？還是最適合你的？

(10) 選擇價值——你是利己為先？還是利他而後利己？

【觀念更新】

你有聽過定義時刻嗎？曾經在定義時刻當中，出現跟上述有關的生命探問嗎？

　　過去的經驗告訴我，在人生的一般時刻（直道），我可以憑藉腦中的直覺、知識、經驗，解決一般人生的問題，每當我們遇到定義時刻（彎道）時，若再用一般時刻所學會的直覺和累積的經驗知識，這時就容易彎道翻車，帶出一生的遺憾及傷痛。

　　面對定義時刻，就要懂得放棄本能感覺、能力、掌控，全然信靠內心超理性的信心，來決定未來的走向，並藉著求告神、呼求神將自己做決定的源頭，像是從腦中「魂」的層面（以己為中心），提升到內心「靈」的層面（以神為中心）。

　　綜上所述便不難發現，「定義時刻」既是找到神國使命的時刻，也是一個人在生命上重新定義「自己」的時刻。它可以幫助你：

　　——重新定義你的「人生意義」（meaning）：我活在世上「值得」嗎？從追求世界的認同，轉變為尋求神的認可。

　　——重新定義你的「人生目的」（purpose）：我到世界上

來「做」什麼？從為己的人生目的，提升到與神有關的命定。

——重新定義你的「真實身份」（identity）：我到底「是」誰？從「自我」為主軸的人生，重生到神國度中「真我」的使命。

【反思學習】

在過往的人生或工作當中，你大多是追求成為第一？還是唯一？

面臨生命的定義時刻，選擇第一：活出盜版的人生

在面對生命的定義時刻，選擇「第一」就是偏向世界和生活（體與魂）導向的「人生觀」及「價值觀」，如同世人對於成功的定義不外是最榮耀的第一名、最賺錢的職業、最熱門的學校和專業等。

追求「第一」是多數人活在世上的價值觀，做到第一，雖然等同具有追求卓越的心態，但若只追求第一，最後反而會失去你的唯一獨特性。所以，以自我為中心的選擇，會讓你找不到神國中的使命。況且試想一下，那些你羨慕或自以為想要的第一，真的適合你的個人特質嗎？還是迎合社會的決定？

追求第一的人通常專注點都是自己在「做」（doing）什麼，而且都在自己熟悉的物質世界中打轉，無法在靈命的層面突破，所以一點都不精采。

第一的思維應用在信徒的信仰上，就要分辨什麼是宗教與

信仰的差別？我們先來探討一下，何以信徒在面臨生命的定義時刻，強調第一的思維及行動，最後即使再努力，卻只能守住表象的宗教律法，一生只做敬虔事，卻難以成為一個活出異象的敬虔人，因為宗教在於「形」。

宗教是強調做外表的儀式，做很多與信仰有關的事情，但卻不願意獻出生命的主權。自我永遠是緊緊地保留在自己的內心，也就是說，在定義的時刻，我是為自己打算的，在工作與信仰起衝突時，我是沒辦法與神同行的，我會去做表面敬虔的事，但內心仍然是歸己的，至終是為己而活。因而將信仰活成一個定點（教堂內）、定時（星期天）的宗教活動。

以前的我也是這樣子，在教會裡面做過很多敬虔的事，也做過領導，但當時我不願意給神的，就是事業上的成功，意思是說，什麼事情我都願意給神，但工作的決定是歸我的。

一直到創業中間，靠己遇到人的盡頭，我才願意把工作的主權交給神，並且決定在任何時候，當工作跟信仰有衝突時，我會選擇活出信仰，願意放棄事業上的成功，在我持續這樣做了很長的一段日子以後，我才能夠在經歷神當中找回自己，出乎預料地找到與神國有關的命定。

其實在充滿挑戰的工作中活出真的信仰、把自己的主權交給神，在某些角度來講是違反人性、很難做到的，所以才需要重生；反觀在美好環境的教會中遵守宗教律法，相較之下是更容易做到的。

圖 7.2 是三個分別代表現實面（體）、精神面（魂）、生命面（靈）的圈圈，一個選擇第一的人，面對生命的定義時刻，通常只會從體與魂的層次來回應，而不會停留在靈的層次（即

圖 **7.2** 定義時刻—選擇第一—活出盜版人生

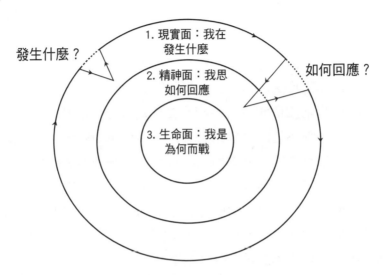

內心信念層次），體驗的順序是由外而內。

　　(1) 現實面：感受的是「發生什麼」（what happened）？我們都是最先藉著感官來感受，人生中遇到重大改變的定義時刻，那是屬於現實面的體驗。

　　(2) 精神面：思考的是「如何回應」（how to respond）？如同很多人遇到事情一定會進到大腦裡面分析及思考，選擇第一的人，跟隨大腦的慣性思維：(A) 要麼以聰明人算計眼前的利益——偏向世界和生活（體與魂）導向的「人生觀」及「價值觀」；(B) 要麼遵循教會內的知識、經驗、傳統、規章的做事方法，來組織解決方案，這是屬於精神面的回應。

　　(3) 生命面：反思的是「為何而戰」（why do I fight）？ 在一般挑戰時，大多數人不會問到生命面的問題；但在人生逆境

的定義時刻,因為現實面及精神面過不去了,人們就會開始反思活在世上的「目的」、「意義」及其帶出生命定位的「信念」是什麼?

然而,在此內心信念(信心)與大腦慣有的理性思維爭奪主導權的爭戰中,越是 (A) 自稱是信徒,但生活上的想法及行為,認同世俗價值觀及人生觀的文化基督徒,以及 (B) 習慣遵行教會內一陳不變的宗教律法儀式,而且熱中教會內固有傳統規條的律法基督徒,因害怕走出有框架的舒適區,而且自以為是,大腦會不自覺地自動駕駛、拒絕生命面的改變。因不敢活出真正的自己,至終,仍是從表象中的自我,來回答生命面的問題,問的是「為何而戰」,還是在以「己為中心」的層面思考;甚至會刻意繞道而行以求安全。

面臨生命的定義時刻,選擇唯一:活出正版的人生

反觀「唯一」,在面對生命的定義時刻,是直接進入內心生命(靈)導向的「人生觀」及「價值觀」來做選擇,至終找回上帝專為我們每個人設計的「唯一使命」。當你選擇了「唯一」,帶出來的結果往往是最榮耀神、最有價值和意義的生命、最適合你的路途。也就是說,「唯一」是認識到自己的獨特性,以及什麼是你做起來最有熱情和自然,但不一定是眼前最賺錢和熱門的事情。

「唯一」的選擇是以神為中心的隨時(任何時候)、隨地(任何地點)的信仰運動,所以能帶出靈裡的關係、付出、犧牲等特質,在一步步與神的互動當中,找到自己在神國中的使

命，同時也可以幫助我們認識到自己「是」（being）誰。每個人都渴望追尋幸福的人生，在我個人的體會中，真正的幸福人生就是，與神互動的過程中找到最適合你的「唯一」，進而在此基礎上追求卓越，終至做到專屬自己、而非世界「第一」的得勝基督徒，以榮神益人。

選擇唯一的人宛如生命的智者，渴望尋永世的意義及找到神設計的命定，活出最有價值和意義的生命。所以信仰在於「心」，在生命不斷改變中成為一個敬虔的人，方能做出真正敬虔的事，而且是為神而做的！

對比圖 7.2，講的是選擇第 的思維；圖 7.3 的三個圈圈，則是在說明選擇唯一的思維。兩者最大的差別在於，選擇

圖 7.3 定義時刻—選擇唯一—活出正版人生

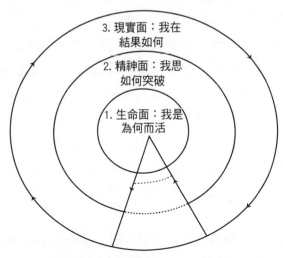

超越現實面、精神面，直入生命面

唯一是一種超越現實面、精神面,直入生命面的領受模式(即靈的層次),所以是體驗的順序是由內而外。

(1) **生命面:反思的是「為何而活」**(why do I exist)?在一般挑戰時,大多數人不會問到生命面的問題;但在人生逆境的定義時刻,因為現實面及精神面過不去了,人們就會開始迫切尋求內心的解答。這時有些對自己過往生命本質不滿意的靈魂飢渴者,或切求生命潛能發展者,就會勇敢去冒險,刻意放棄固有本能的感覺、能力、掌控,勇敢地跳脫現實面及思考面的限制,直接進入非物質世界的生命面去體悟「為何而活」的異象。

以我自己為例,在創業的困境中,當我發現用以前的方法,都沒有辦法扭轉頹勢時,內心不平安及惶恐到一個程度。此時被迫勇敢去面對失敗而在呼求神中,反思自己活在世上的價值、目的及身份是什麼?當將神放在自己與所處的狀況之間,因而能透過神來領悟自己的失敗。

經過認罪悔改後,方願意交出自我以領受聖靈,在接受神進入內心的那一剎那,在此屬靈爭戰的時刻,我選擇從表象的生命面切換到異象非物質世界的異象生命面,改由從內而外的超理性信心,在生命的「質變」中我把工作的主權交給神,不再問「為而何戰」。在自我破碎後,當工作與信仰起衝突時,願意放棄事業上的成功,活出信仰,也藉此領受到比自己過去生命中更真實、更偉大、更美好的願景,終於有勇氣去面對未來。

(2) **精神面:思考的是「如何突破」**(how to breakthrough)?在尋找唯一的過程中,精神面要跟隨,緊跟其指引,就積極從

《聖經》及其屬靈書籍中尋求為何而活的答案。那段日子，是我一生中最專注，也是最受啟發的日子，本書中第七及第八章探討的主題，就是我在「摸索唯一」的過程中，所得到的一些領悟：

——人生目的：我「到底」到世界上來做什麼？

——在工作中活出信仰：如何在工作中經歷神、榮耀神，並找到人生的命定？

——真實身份：神如何量身訂製我？我到底是「誰」？

——為神而活：如何執行職場宣教的使命、活出雙職事奉的身份？

(3) 現實面：體驗的是「結果如何」（what is the result）？

在創業中經歷神、榮耀神，反敗為勝後在「做到第一」的領悟中，不但找到人生職場宣教的命定以及領受到雙職事奉的身份。並以此為基礎，著作了三本如何在生活中活出信仰的書籍，以裝備對此異象認同的同路人：

——《贏在扭轉力》：採用扭轉五力的架構，如何用「對」的方式將工作做「好」；

——《第一與唯一》：人生是選擇的結果，幸福的人生是先選擇「唯一」再做到「第一」；

——《雙職事奉》：藉扭轉歷史的 16 位《聖經》人物的故事，幫助信徒如何將信仰及使命，活出在生活中的每一個層面。

當我們把現實面的場景拉到生命面做反思，便會起一個信念上的質變，再加上精神面的突破，落實在現實面就會出現極大的量變，當你的生命開始改變，圍繞著你的世界也跟著改變，讓事情的結果超乎原先的所求所想。這對個人來說是一個正向的回饋，因為不僅見證了異象，也證明了自己從生命面得

到的領受是對的，因而加強信心，未來就更願意持續從生命面的領受出發，成為一種自然而然的正向循環。其實，換個角度，你的不幸也許是幸運的開始。

現在，就讓我們一起來進入「活出最合神心意的自己」之旅。

【反思學習】

你有反思過宗教與信仰的差別嗎？你渴望成為一個敬虔的人？還是只想要做好敬虔的事？

何謂與神有關的人生目的？

在了解定義時刻如何做選擇之後，接下來我們就來談談與神有關的「人生目的」。

人生目的，說到底就是「我到這世界上來做什麼？」但在深入探討這個議題之前，我通常會先用下面的這個比喻作開場。

我們每個人都有一個出生點。兩個定點之間的線條，有數不清的連法，但只要連上了，似乎每一條線，不論多麼扭曲，隱隱約約都是在朝某一個方向「靠攏」，這個靠攏的方向，就是兩點之間的直線，雖然沒有一個人的人生是走直線的，但這看不見的方向就是人生軌跡，連上的終點就是「人生目的」。

說到這裡可能有人會好奇，問說：「是否每個人都有那個點呢？還是只有少數人擁有？」

　　針對這個疑問，或許我們可以先來探討一個命題，那就是「到底是不是每樣被造出來的東西都有其目的呢？」譬如說，一個杯子之所以被設計成中間是空的，其中一個作用是為了要裝水，那這個杯子要怎樣才能找到被設計出來的目的呢？就是要有人先裝了水，而且喝了以後，真的對使用者產生好處，杯子才能夠往回推想說，原來當初創造它的人，是為了這樣的目的來設計自己的。

　　當然了，每個杯子都不一樣，有不同的質材，其中也有把柄的、沒有把柄的，大的、小的，深的、淺的，這些都是為了盛裝各類不同飲料而設計，此即是說，同樣是杯子，依據原初設計不同，也會各自肩負著不同的受造目的。

　　若我們承認人也是被造物，所以每個人的人生目的，必然與造物主的神有關，那麼從神的眼光來看，神為什麼造每個人都不一樣？因為沒有兩個人的 DNA 是一樣的，也沒有兩個人過相同的人生——神給每個人到世界上都有一個獨一目的。至於說，人為什麼會找不到這個目的？是因為神允許人有自由意志，讓我們選擇要不要去尋求神所預設的那個點，或是憑己意去找的那個點，卻跟神無關。

　　那又是為什麼，我們有時想找卻又找不到那個點呢？原因是我們跟神分開了！有很多人即使信神，但可能只是一個半成品，就像杯子只造了一半，或者說杯子已經造出來了，但沒有人使用它去喝水，所以他們就還找不到人生目的。這時候若是又沒有跟神連結，很容易像一隻迷路的羔羊，感覺無所依歸，而實際上，神卻仍舊在默默地等待著他們。

　　每個人的生命應該都有其軌跡。我們常覺得人生很迷茫，

也認為很多事情都是巧合或偶然造成的，但實情是，很多事情早就有上帝的旨意在裡面。所以你活在世界上，最重要的一件事就是要去回想，以前的人生當中，是不是有幾個很重要的定義時刻？在這個定義時刻中，可能是父母為你做的決定，也可能是你自己做的決定。

或許你會說，我的決定都是按照自己的直覺去做的，然而你要相信，神也可以主導你父母的心意，而且神比你還了解你的直覺，因此即使在你仍不認識神的時候，神也有可能會把一個狀況放在你的面前，並藉由你的直覺反應，把你帶往人生所該去的方向。

所以，若你認真地往回默想，你會發現，其實你的人生是串聯在一起的，而且是在朝一個方向靠攏。你也要相信，每個人到世界上都有目的，這個目的是跟神有關，所以我們的才幹、資源和機會，都是神按照這個目的設計出來並放進去的。

【反思學習】

你有思考過自己受造的目的嗎？你是否能從自己的特質、才幹、經驗，以及機會中，整理出一條生命軌跡？

要找到人生目的，以及找到人生目的有哪些大方向及步驟？〈以弗所書〉2 章 10 節啟示我們：「我們原是他的工作，在基督耶穌裡造成的，為要叫我們行善，就是神所預備叫我們行的。」

《聖經》清楚啟示的「人生目的」有三大重點內涵：

(1) **人生目的在我們出生前就定下來**：「*就是神所預備叫我們行的*」這段經文是指，當人的靈被神創造出來時，他的人生目標就已經定下來了。也就是說，雖然你的身體還沒有經過父母生下來，神已經幫你把人生計畫做好了，這就是我所說，人的命定就是指「由神來定」，不是自己想出來的。

(2) **如何找到人生目的**：經文載明：「*在基督耶穌裡造成的*」，既然是神所定的，所以你到世界上做什麼，都必須從跟神的互動中來得到，不是自己做出來的。

(3) **人生目的並非孤立**：「*我們原是他的工作，為要我們行善。*」已明確指出，人生目的既非孤立存在，也不是單為自己，而是融合在神（這位造物主）所定的永恆計畫當中，是神偉大旨意的一部分。就像杯子一樣要有人先裝了水，而且喝了以後，真的對使用者產生好處（益人），杯子才能夠往回推想說，原來當初創造它的人（神），是為了這樣的目的來設計自己的（榮神）。談完「人生目的」的大方向後，如何找到人生軌跡？

透過底下步驟找到人生軌跡

依據《聖經》的啟發，以及我的個人經驗，接下來我們就來看看，找到人生目的的幾個重要步驟。

(1) **你是帶著使命而來的**：這使命是在神的計畫中，在一個特定時間、一個特定的地點，有一個神計畫裡面的特定事情，不論事情的大小，你是做這件事情的最佳人選。神是為這個使命來造你，你也是為這個使命而活的。其實你的一生，都

是在為這個使命做準備，而且你現在在世界上過日子，其實是
正在完成這使命的階段性任務。

(2) **神量身訂製你**：因著這個特定使命，是神永世計畫的
一部分，所以在未出世之前，神就預定了你的生辰和壽數，以
及你在哪裡出生？你的種族是什麼？你的國籍是什麼？什麼
是你的遺傳因子和基因？以及按照你使命的需求，神會給你
一個獨特的身份、才幹與資源，和獨一的個性及熱情。所以我
們要認知到我們的出生不是偶然，不是自然界拼湊出來的。換
句話說，你的父母不一定有計畫生你出來，但神是有計畫要你
出生的，所以，你的人生是有意義和價值的。

(3) **人自由意志的選擇**：人可以選擇榮耀神而去執行人生
目的，人也可以選擇悖逆神而偏行己路，人的選擇不會影響
到神的拯救計畫。除此之外，你的選擇也決定你在世的幸福程
度，以及至終的去處。

(4) **人生上半場，為己而活**：我們還沒有經歷神的時候，
其實都是照著世界上的價值觀為自己而活，但不要擔心，即使
你是為自己而活，神看不見的一雙手還是在推動你往前行。

(5) **人生中場（上），神的呼喚**：神什麼時候開始呼喚你
呢？就是當你遇到一個重大的改變或逆境的定義時刻，無論
是工作上的挫敗、家庭中的巨變、內心最深處的渴望，或是身
體出了狀況的時候。也就是說，神要藉此謙卑你，並引起你對
人生的反思。

(6) **人生中場（中），經歷真神**：在神呼喚我們之後，我們
一開始會以為，只要按著神的旨意去做，神會馬上帶領我們走
出困境，但有些時候其實並不然，甚至有可能會出現一種情況

就是，你按照神的方式去做，結果卻更糟了。

　　這時，我們要了解一件事，學一樣知識可能很容易，但要改變習性和性格是需要時間的；再者，神呼喚你的真正目的，是要你去做你命定的事情，神呼召的人，是要有一定的靈性跟品格標準的，所以在這段時間，是你在經歷真神的時候，神是一個教練，親自來教導你怎麼樣改變你的習性，讓你的品格更好、靈性更增長。

　　(7) 人生中場（下），神的呼召：這個階段就是神的時間到了。當你的靈性增長到某一個程度，當你的品格好到一個程度，當你跟神的關係親密到一個程度，而且成就使命的時間到了，你就會發現內心有個指南針，早在出生之前，神就放在你心中的使命會開始顯明。當你對神的旨意做出正面回應，祂就會讓周遭的人、事、物來回饋你，讓你知道去執行的人生目的，因有祂的同在而意義非凡。

　　(8) 人生下半場，為神而活：當神帶你走出困境，祂就有特定的旨意要你去做。雖然很多信徒在人生中場的上半部得到神的呼喚，但至終為了不願改變，還是放棄了，這是非常可惜的，所以鼓勵大家，這段時間要持守並堅持信靠神，即使人生看似在走下坡路，還是要信靠神到底。

　　底下我來分享自己生命經驗的見證。

【反思學習】

在找尋人生軌跡的 8 個步驟中，你都經歷過嗎？或是你正處在哪一個步驟？

人生上半場＞為己而活，「事業成功」是我的人生目的

回顧我個人職場生涯的前二十八個年頭，「事業的成功」是我的人生目的。以社會主流的眼光來看，不論在美國或中國大陸都經營得非常成功，雖然過程中難免遭遇一些困挫和轉折，但總能贏在拐點，整體觀之堪稱是平步青雲。

一如大家對於人性的預料，在一路扶搖直上的情況下，我開始變成驕傲的人，認為只要憑藉著自身的聰明才智，即使遭遇困難，最終都可以化險為夷，創下前所未有的事業新高峰。

在這樣的思考下，即使在摩托羅拉已做出一定的成績，職位也達到一定的高度，卻仍然滿足不了我的企圖心。為了爭取更大的成功和成就——自創一個企業的平台及品牌——在完成所有的交接之後，便毅然決然離開總裁的職位，在中國大陸創業。

那時的我已經信主多年，也一直在教會中擔任許多事奉的職務，但工作與信仰沒有完全合一。我當時的人生目的是「事業成功」。創業前，雖有象徵性的尋求過神的旨意，但至終是我自己決定要出來創業，以己意為優先。

總之，風光結束二十八年在跨國大企業的職場生涯，我八面威風地跨入創業階段，意圖締造更大的產業傳奇。

沒想到，反而是迎來了人生的巨變！

若你在職場堪稱平步青雲，也一路步步高升，最終會像筆者這樣，選擇出來創業嗎？原因是？

人生中場（上）＞神的呼喚：中國創業五連敗

創業前的我可謂萬事俱備，我有最優秀的團隊、足夠的資金、最亮眼的商業計畫，也有鐵一般的各方關係，卻沒有料到，在創業中間我遇到了很多困難。

創業的前五年，我失敗了五次，若做成事是 10 分的話，我們每次都做到 9.9 或 9.8 分的時候，突然一件料想不到的事情發生，致使我們前功盡棄，這是我從來沒有過的挫敗經歷（詳見圖 7.4）。

圖 7.4 人生中場（上）—經歷五大挫折—神的呼喚

時間	事件	原因
2003	E2800 智能手機	經銷商策略失誤
2004	E2800⁺ 智能手機	管道商不法行為
2006	Eagle 智慧手機系列	山寨機出現
2007	VOIP 智慧手機系列	運營商網速不足
2008	公司全面裁員 (50%)	全球金融風暴

■第一次失敗：2003 年 SARS 疫情＋經銷商策略失誤

公司在 2002 年底創立，剛好碰上 SARS 疫情席捲中國，對一個起步萬事難的新公司，更是難上加難，無論在人事招聘、公司地點、產品研發、生產、銷售等事上，都遇到了重重攔阻。總算第一個產品在 2003 年 9 月問世。

因為疫情的緣故，我們只選一個最大的總經銷商合作，經銷商認為產品夠硬，可以順其自然地把產品賣得很好，不願讓分銷商賒帳，分銷商沒資金一次採購太多產品，推銷力度自然有限。加上當時 SARS 疫情影響，公司合作體系間的聯繫不易，等疫情稍微減緩，因總經銷商的銷售策略錯誤，已經錯失了黃金銷售期。

■第二次失敗：2004 年經銷商不法行為

相較於第一次失敗，至少資金上尚能打平，第二次的失敗又更大了！ 2004 年第二款產品問世，我們取得與中國最大電信業者的合作機會，因為買方說礙於法令，不能直接向身為外資公司的我方進貨，最後改由對方集團旗下的一家內資公司間接進貨。但萬萬沒想到，我方在出了一批又一批的貨之後，即使有銷售合同的保護，仍完全收不到貨款，導致公司損失大部分的資金，一度陷入營運危機。

■第三次失敗：2006 年山寨機抄襲行為

有段時間，中國很流行所謂的「山寨機」，當時業界都認為，憑當時我們公司的實力，可以穩坐山寨機的龍頭，但我堅持自行研發軟體和硬體，不走抄襲路線。雖然做的是對的事，最終還是不敵市場的削價競爭，因為我們的研發成本比山寨機高許多。

■第四次失敗：2007 年電信運營商網速不足

2007 年我們研發了一款可以透過互聯網 WiFi 打電話的手機，這樣的語音功能簡稱 VOIP（Voice over Internet Protocol），就像當今透 WiFi 網絡通話一樣，靠的是互聯網路頻寬和速度。在研發階段時，已經有一家大型電信業者允諾要投資提升網路的速度，沒想到產品推出後，他們因內部的矛盾反悔了，導致這款手機難以同時間全面推廣。

■第五次失敗：2008 年全球金融風暴

繼第四次的失敗，少了大型電信業者的網速支撐，我們轉而跟幾家互聯網業者合作，雖然合計起來的網路涵蓋率不高，我們還是力求慢慢在市場站穩。無奈一年後，一場突如其來的金融風暴，又讓這些小型業者應聲倒地，導致好幾款擁有 VOIP 功能的手機，完全失去電信業者的支持，我們公司也因此被迫裁員 50%，經營處境非常艱困。

總的來說，那時候我們公司的願景及產品研發方向，其實就類似蘋果公司後來在做的事情，只是我們起步太早，當網路建置系統尚未全面提升，再好的手機功能也無用武之地。因此我也承認，當時確實對於中國電信產業發佈的趨勢太過樂觀，若能推出配合網路系統的領先產品，結局恐怕就不一樣了。

在自己無論如何努力都毫無果效的重大挫敗中，我進入了生命的定義時刻，在反思中我想到了《聖經》中浪子的故事。故事的大意是在說，浪子雖然做了一些錯事，離開父親，但是當他願意回到父親面前，父親還是會等他並且真心接納。這讓我相信，只要自己像浪子一樣願意認罪悔改、回到神的身邊，神也勢必會接納我。

【情境體驗】

若你跟筆者一樣，創業之後連續經歷五次的失敗，而且每次離成功都只剩下一小步，就因為某件事情的發生而前功盡棄，你會作何反應？

信徒如何在工作中反敗為勝？

於是我開始從《聖經》中尋求在工作中如何活出信仰的啟發，居然發現《聖經》是可以工作化的。

很多信徒都熟悉的〈路加福音〉5 章 1-11 節，以往我們大都只把它當作這是耶穌第一次呼召門徒的經文，因此對這段經文只有神學上的認知，與現實生活無關；其實這段經文的內涵非常豐富。

假如把彼得當作是一個工作者，捕魚就是他的工作，革尼撒勒湖就是他工作的市場，船就是工作的平台，像是辦公室，工作的工具是用網，就像今天是用電話、電腦、Skype，然後我們做出來的是軟體產品、硬體產品，但是彼得做出來的產品是魚，在如此的思路下，這故事就活生生地能在我們的腦海裡出現。

這段《聖經》講什麼呢？它是在說，一個名為彼得的工作者，即使超時工作很久、經驗非常豐富，但是無論再怎麼努力還是一無所獲，於是他就開始懷疑自己的能力，想說以後的生計怎麼辦呢？

試想一下，你可否有過類似的經驗？當人處於外在的不

滿足到一個程度，就會引發內心探問，彼得也一樣，就在這時刻，耶穌出現了。耶穌告訴彼得，「我要使用你的船，就是要用你的工作平台來做講道工具」，這個人在複雜的心情中，接受了耶穌請求。

這時我們反過來思考一下，假如他豐收的話，他應該是急著去賣魚而不會理耶穌的。就像我們一樣，假如工作又紅又火的時候，是不容易進入內心探問的，大多是在工作遇到逆境時，才會開始在禱告中想到神，所以才會說「人的盡頭是神的起頭」。

我們再來看看，當一個人在工作上遇到一個很大的逆境時，可以如何跟神互動而反敗為勝？

當我們願意把工作平台釋放出來讓神使用，也就是說，願意讓神在我們的工作中出現時，便會領受到從神而來的指令去做一些事情。 如同耶穌對彼得說「到水深之處下網打魚」，「水深之處」指的是危險之處，而且在當時、當地下網，是與本能經驗相反的，所以彼得說：「夫子，我們整夜勞力，並沒有打著甚麼。」

這就好比說，當我們遇到逆境、請神在我們工作中出現時，神會對我們內心說話，但此時我們通常會抱怨神說：「神啊，祢要我做的風險太大了」，甚至懷疑神說：「祢懂計算機嗎？祢了解我公司的狀況嗎？」這也正是彼得一開始抱持懷疑態度的原因。

但是經過「腦中的理性思考」與「內心的信念呼喚」的搏鬥後，彼得最後還是對耶穌說，我就照祢的意思去做（但依從祢的話，我就下網），代表他後來順服了耶穌在內心的指引。

　　順服的結果就是，一次的下網就把兩條船裝滿了，這是違反自然律的神蹟，所以彼得一下子就覺得他經歷了神，馬上改口原本叫耶穌夫子，後來叫主人，這就是一個工作的人，他經歷神的經驗，神還告訴彼得說：「你以後的命定是要得人如得魚。」

　　這個要點就是，當我們在工作上遇到困難時，可以思想彼得是如何請神進到工作平台，以及如何在神跟他對話以後，願意與神合作，最後在順服中要期待應許，因而經歷了神。**經歷神的三個原則非常簡單：第一個是神的同在，第二個是與神合作，第三個是期待應許。**

　　這時我才明白到，過去在工作上遇到關鍵時刻，每一次「扭轉五力」的突破都是來自內心的熱情指引，尚未經歷神。因為是信徒，有神的同在，但我仍是用自己的方法來突破，雖然沒有熱切求告神，神也允許。當我從彼得的故事得到上述的體悟，我開始改變工作的態度，讓聖靈（神）介入。

　　神感動我，讓我看見工作就是我的使命、我的呼召，因為我的工作讓我有機會實踐聖經的教導；工作平台是我與神同工的平台，就像彼得一樣讓出來給耶穌使用。另外，我也是神在商業界的使者，讓神介入我工作的原則一樣是「神的同在、與神合作、期待應許」。

　　所以，我就從過去「理性的經驗」，切換到「超理性的信心」來管理我的公司，即使如此的運作方式可能會讓公司倒閉，也在所不惜！也就是說，我放棄了人生目的是「事業成功」的偶像，尋求並接受神的呼喚，而這就是生命改變的起點，唯有當生命破碎了，我們才會全然信靠神，讓神介入。

【情境體驗】

若你是《聖經》故事中的彼得，遇到一個像耶穌這樣的人，在你的工作陷入瓶頸時出現，並且明確指示你該怎麼做，你會作何反應？

「在工作中活出信仰」的真實紀錄

底下「神的同在」及「與神合作」主要原則，就是——若你認為你是在為神而工作，同時將《聖經》中做人及做事的原則活出在工作中，你就是在全時間事奉神。

■神的同在：神在我工作中出現——是敬虔人

神的同在，講的是做人的原則。我們在職場要做一個敬虔的人，因為在神眼中成為怎樣的人，比你做了什麼事更重要。所以要：

(1) 凡事尊重：神是個靈，一般人看不見，但若別人在與我們的互動中，看到一絲神的形象而產生仰慕的感動，並隨後去求證且願意追求我們所信的那位神，如此神就在工作中出現。所以即使身處高位，也要隨時隨地尊重人，不因自己的位高權重而輕視人，甚至作威作福、罔顧他人的權益。我在公司，在任何時刻我都尊重公司員工、客戶、供應商等，即使對打掃清潔的臨時工都一視同仁地尊重。

(2) 待人真誠：因為神是信實的，所以我也要成為一個信實的人。公司的主管同仁在得知我與客戶及供應商見面，都是秉持著「不裝假、不造勢，且希望他們一眼就能看穿我心

思」的態度時，一度感到憂心。但過了一陣子，我問這些同事說：「我的真誠態度有否讓客戶與供應商占到便宜？」他們都齊口回答說：「沒有！而且這些合作夥伴受到感染也因此變得坦誠，使得各方的合作更容易進行，也使合作進到更深度的層面。」

(3) **定義時刻**：上兩項必須要承受得起定義時刻的考驗，也就是在雙方有利益衝突時，要學會同時以慈愛的態度（尊重人）對人，公義的做法（不誤事）對事，以解決糾紛。換言之，最有效傳福音的方式，就是自己不知道正在傳福音，也就是不要在職場「刻意」去做傳福音的「事」，而是要先實際活出信仰的內涵，引發他人對福音的好奇，進而帶領他們主動去尋求。

■與神合作：讓神介入我的工作——做敬虔事

與神合作，講的是做事的原則。在職場做一個敬畏神的人，意思是說要敬畏神而不是敬畏人，凡事求告神，隨時求助聖靈的指引、提醒，所以要：

(1) **誠實做管理（不欺騙）**：面對客戶全然誠實，對於公司的產品與能力，做得好的及做得差的都據實以對。對此，公司的銷售副總曾對我說：「在中國的行規是你必須將公司說到 150%，客戶會用你的數據打七折來做評估，如此剛好。若你誠實以對就沒有人會選中你了。」我回答說：「我們誠信，若對方硬要打七折的客戶就不是我要的客戶。」果不其然，有 90% 客戶沒選擇我們，但留下的 10% 卻成為我們長期鐵桿客戶。

(2) **愛心做決定（不自私）**：在中國的商場，上家拖欠或不

付款給下家是很平常的事，但我們必按合同付給下家，財務副總不以為然，但我說：「別人不付款是他的事，我們不付款是我們的事。」另外，有一個大客戶按合同必須在不同時間點支付我們三筆款項，第一筆拖欠數月，雖然在數次衝突爭議中勉強付款，事後卻放話不再付款，而我們仍照合同按時按質將工程樣品寄出，結果出乎財務副總的預料之外，在毫無爭議的情況中，客戶竟然全額付款。

(3) **謙卑做領導（不驕傲）**：在工作的前二十八年不斷成功及受人追捧，養成了我驕傲自豪、絕不犯錯、非我不行的領導觀念。直到在創業前五年的五連敗絕境中經歷神，我才開始在會議中對員工們說：「今天的困境很可能是我幾個月前做錯決定的結果，我還真不知道如何來突破這困境，你們的看法如何？」沒料到會議中其他人都說：「是我們執行不力，Roger 不是你的錯。」從此，員工們開始自動自發地去解決公司內、外的大小難題，也變得敢用創新的方法去做且全力以赴。

(4) **不怕做難的事（不賄賂）**：公司在中國申請各類證照、資格、認證，即使經辦人或單位公然開出明確價碼下，我們仍絕不賄賂，所以許多申請都辦不下來，但少數申請到的，卻能支持公司繼續經營下去。

(5) **不怕做對的事（守原則）**：客戶來訪在外用餐，我堅持不擺闊氣、不喝酒、不上酒店，若有客戶抱怨，我們會說：「寧可以公司的實力幫助你們取勝。」

若你是一個基督徒，你曾經或願意讓神介入你的工作嗎？上述的做事原則，是否有挑戰到你既有的認知或行為？

人生中場（中）> 經歷真神：曠野操練，神親自做教練

我在工作中經歷神的同在，並且與祂合作，在經營方針上做了重大的調整，放棄自創品牌，改為替有品牌公司研發設計智能終端，以減少資金的投入（合作夥伴包括英業達、摩托羅拉、阿里巴巴、海爾），雖然風險降低許多，但收入也減少許多。

我以為做到了與神同在及與神合作之後，神就會立即帶我走出困境，結果卻不然，事實是，我又連續失敗了五次。雖然與每一家品牌公司的合作都做成了產品，也有一定的銷售，但沒有一家達到暢銷的目的，所以沒能繼續合作下去，以至於五年內換了五個合作伙伴，公司的運營陷入更深的泥沼中（圖7.5）。

神又讓我在罰區中待了五年，且又失利了五次。這時，同樣是《聖經》人物的故事激勵了我！人生很大的改變也是出現在這個時候。

當時我看到《聖經》中的約瑟，明明做了忠於神的事，結果反而被害入監。又想到摩西，在執行神的旨意，帶以色列人

7.5 人生中場（中）—五次更大挫折—經歷真神

時間	事件	原因
2009	IEC 智慧電腦	銷售不力
2010	Motorola Ming 系列	內部矛盾
2011	Alibaba Spirit 系列	研發項目
2012	Wintek – Diamond	螢幕缺貨
2012	Haier – Jade	銷售不力

出埃及前，為何在曠野罰區中達 40 年之久。經過反思，才明白到，為了完成神在他們身上更高的旨意，必須通過更嚴格的操練。即使我已將《聖經》原則應用在職場，神卻沒有馬上把我帶離罰區且又讓我失敗五次。真正的原因是，神的意念及旨意遠遠高過我們，而且神更了解整體的狀況，以及未來什麼是對我們最好。因為我還不夠格，神要親自做教練，神要藉著試煉讓我的靈性更為晉升，並且操練我的信心，堅信走過神的信心試煉後，必有應許的到來。

　　摩西所處的曠野，宛如我們身處的中場罰區。無庸置疑地，只有在曠野中才能改變一個人的個性及習性，並藉此培養出更高的品格和智慧。如同神親自在曠野操練摩西一樣，在罰區時，神也必會親自教導我們，進而體悟下列這些真理：

　　(1) 卑微中仍服事：放下驕傲、在卑微中知足、忠於寒微，神在乎的不是我們做了什麼，而是為何而做——對付我的驕傲。

　　(2) 看不見仍信靠：堅固信心，在逆境中神重視的是信心！當神沉默不語時，仍堅信神的全知和祂仍在動工——對

付我的自信。

(3) **不可能仍順服**：神能在陰暗處動最美好的善工，是最佳教練，在破碎自我上，蒙神呼召出任領導──要我交出自我。

【反思學習】

若你相信世界上有一位神，你覺得祂沒有馬上帶你脫離事業困境的原因，會是什麼？

■期待應許：神必介入，衝破逆境

在職場做一個有盼望的人，結果遠遠超過預期；遵守神話語的人忍受試煉到底，終究會獲得賞賜！

身處罰區，公司經營陷入困難時，雖然相信神必然會帶領我走出眼前的困境，但我是公司的董事長兼執行長，命運是跟公司綁在一起的。也就是說，我個人可以很簡單離開這個工作，但這會讓我變成一個不負責任的人，所以離開公司前，必須對公司員工、投資方、客戶、供應商等都要有個交代才可以。

在這樣的情況下，神要用什麼方式帶我和公司脫困，免得我成為一個不負責任的人，一直是我內心的疑惑。為此，我也曾在神面前祈求說：「請讓我的公司跟神的永世計畫接軌。」

當我持續秉持著堅信「神會帶領」的信念，繼續用《聖經》原則來經營企業時，原先艱困的情勢也慢慢出現了轉機！

　　有天，當我發現六位在跟我工作最接近的高級主管，他們在過去五年間一直反映說我如此經營公司，在中國的商業環境是生存不下去的，結果因為看到公司關關難過關關過，就都跟著我去信在背後支持我的那一位神；那時我便知道，神必然會為我跟我的公司開路。

　　事實上也的確如此。2013 年底，我創立的公司被中國最大的互聯網公司收購，不只讓我順利走出罰區，終止十連敗而反敗為勝，公司的營運也因此得以延續──神果真助我在職業生涯中畫上了完美的「句號」。

【反思學習】

看完筆者的創業經歷，從歷經十連敗，到最後公司被中國最大的互聯網公司收購，你如何看見神在當中的作為？這帶給你的啟發或激勵是什麼？

———•———

CHAPTER 8

真實身份：
神如何量身訂製我

在創業過程中，不但讓我經歷了如何找到與神有關的人生目的，也讓我深深感受到生命的改變——一個人從靈性重生的過程；而我是透過這樣的重生，才發現當初神造我的真實身份。底下的敘述，是我結合了《聖經》的啟發以及個人經歷神所做的一些總結。

無形先於有形，自我不等於真我

有形之我非真我，無形之我乃真我。按照我個人對《聖經》的體悟，神很早就創造了一個無形的「靈體我」，直到出生來到這個世界上，才又創造有形的「身體我」。因此當我們說「我的」，其實就已經說明這些只是我的一部分，「**我**」才是一切「我的」的主人。「**我**」是無形的我，是真光，是真真實實的我，所以看不見的，要比看得見的「我的」更真實。

透過圖 8.1 可以清楚看到，當初神是按照靈、魂、體的次序和規格來創造我們的。《聖經》當中經常把靈比喻為人類的內心世界，這是大部分人不甚了解的地方，因為神所造的個人靈命，是人生意義、人生目的、真實身份三者的混合體，這也正是為什麼當我們找不到生命答案的時候，內心會感到一股無以名狀的空虛。

■ 靈

來自於神，不屬於物質世界，具有超個人（transpersonal）的特徵。神的靈所追求的生命範疇亦是超越自我利益，傾向進入到關係中付出和犧牲，又因神的靈兼具了信心、愛心、良心，神經常會藉由靈性的真光來呼召我們、是我們的「生命導

圖 8.1 神量身訂製：靈、魂、體，邁向全人整合

向」（life orientation），願意予以正向回應的人，便能體驗到內心真正的平安喜樂，乃至於活出永恆的生命。

■魂

相對於靈是靈命中心，魂屬於物質世界，是我們理智（mind）、情緒（emotion）及意志（will）等，運作基地在我們的大腦中，這部分也是神按照生命任務來設計個人的心理素質。它們的組成如下：

(1) 理智——IQ 的高低、學習、思考的聰明及智慧

(2) 情緒——EQ 的強弱、情緒的穩定與波動

(3) 個性——理性或感性、強勢或和平、鬥志高或低

(4) 意志——意志力高或低

(5) 德性——品格高或低，良知生來不同但有共同性

■體

體是靈與魂的載體，和魂一樣屬於物質世界，是我們與外界互動的介面，而神也同樣是按照生命任務來量身打造我們的生理組成。它們的組成包含了基因、性別、長相、血脈、潛能、健康素質，體是我們的感官和行為中心。

【觀念更新】

你是否聽過「人受造又分為靈、魂、體」這個概念？從本文得知後，帶給你什麼樣的啟發？

神如何因使命創造你

神除了量身訂製我們的靈、魂、體，還會因著個人所肩負的使命，為其打造出各種相應的主、客觀條件如下：

■**靈性**：你的生命導向也是你人生目的（使命）、真實身份（真我），以及相對應的人生意義（價值）的綜合體。

■**熱情**：為了指引你去完成獨一的使命，神造你天生對某些人、事、物、理念等有特殊的敏感或熱情。

■**能力**：因著使命，神也會賜你與熱情搭配的天分、才幹、資源等，在對的時間點一一被激發並茁壯。

■**個性**：與使命及熱情交軌，神也將你接線成為一個感性的、理性的、知性的或隨性的人。

■**經驗**：神看不見的一雙手默默地帶領你，藉著完成階段性的任務，使你得到完成使命必須有的專業及綜合能力。

因此我們可以看到，當你過的是使命導向的人生，其內涵會如同圖 8.2 所示，不只工作經驗的累積具有國度性，最終也是為了實踐以神為中心的人生觀。

其實神造我們的時候，我們靈性的 DNA 跟物理的 DNA 是無縫接軌的。那我們人怎麼會從一個使命導向的「真我」，變成世界導向的「自我」呢？那是神尊重我們，給了我們自由意志，我們可以自由選擇要相信並追隨什麼。人出生以後受到後天世界思想體系的影響，世界思想體系對我們的洗腦是：

知識的灌輸及學習：我們到學校及社會學了很多有用的知識，知識是理性的，神也藉著我們必須有的知識，認知並了解世界，所以我們習慣憑眼見、靠感覺行事，自認能分別善惡，

圖 8.2 神的原創—使命導向—承受永生

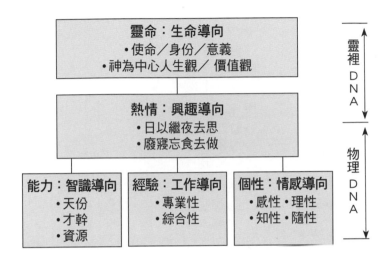

而不願傾聽內心神給我們的超理性感動，久而久之，我們就從真我成為自我。

所處的文化衝擊：神要你在哪個地方完成使命，就把你放在那個種族、那個文化裡面。文化是一種強力膠，把一群人聚集在一起：文化告訴我們，什麼是我們行事為人的準則？什麼是最好的價值觀？什麼是我們的風俗習慣？神對我們的原創也在文化的衝擊中漸漸淡化。

時代的烙印：我們常受到各類媒體傳播內容的影響，這就是時代烙印，電視及互聯網中告訴我們的事情，我們就輕易接受相信了。

知識、文化跟時代烙印就造成我們在世界上的思想體系，慢慢把我們的真我取代了，變成了自我。最後就變成圖 8.3 裡面，人的自我的一個圖，我們是以世界的思想體系為人生的主

圖 8.3 人的自我 —世界導向—進入永死

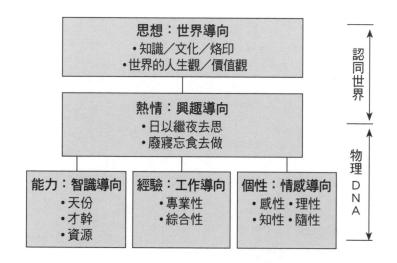

導。神造我們的原創是使命導向、能夠承受永生，但我們因為受到世界思想體系的影響，而變成自我、在犯罪中邁向永死。

【觀念更新】

你是否曾經聽過，個人的能力、熱情、經驗等等，其實是跟使命有關？目前所處的社會和文化背景，又是如何影響你？

人生中場（下）＞神的呼召：我到底是誰，神如何量身訂製我？

縱然如此，神原創的靈並未消失，只是深深地埋藏在我們

的內心。神在我們每個人靈性的 DNA，寫了一個與眾不同的程式，只有在特定時刻、在特殊的狀況中，被神啟動後才能自由運轉、喚醒我們，並揭開自己是誰的奧秘。在被喚醒的時刻，唯有堅信耶穌基督並認罪悔改，我們才有機會找到正確的道路，和自己真正的身份，這是神的恩典、神的作為。

當我們願意持續信靠耶穌以後，神的靈就會進到我們身體裡面來，進行開心手術，逐步地將我們以前從世界上盜版來的思想體系，改為靈性正版的內容。在此階段中，雖然我們靈性的 DNA 在召喚我們，但是物理的 DNA 還在那邊亂闖，只有我們將神的靈當作生命的導向，兩方面的 DNA 才能夠合而為一，這時候才開始階段性的認知，自己的人生目的，並找到真實身份，同時在內心平安中，感受到人生是有意義的。

在講過人重生得救的大前提後，現在就來談談神怎麼重生人的四個步驟。

■第一個步驟：製造危機，人的盡頭

神常常在人經歷盡頭之後，激發人要改變，為什麼呢？人的本性是害怕改變的，除非當下的痛苦超過想要改變的恐懼，我們才會採取行動，所以神會允許一個危機、一個挫敗、一個問題或一個內心的渴望來激起我們的危機感，當人走到了盡頭，就會開口呼求神。

■第二個步驟：神的開頭，執著堅持

神出現以後，人的自我就會與聖靈交戰，來爭奪人的主導權，因為人以前的思維體系太強烈了，深深地跟我們的生活習慣與環境糾纏在一起，我們誤以為不能失去這些，因此出現天人交戰。為了要接受神賦予的重任，必須在習性、品格、個

性上重生，那就必須要先交出自我，並且學會執著堅持地信靠神、忍受到底。

■第三個步驟：認罪悔改，得新身份

人要破碎並交出自我以後才能得到真我，進而得到一個新的身份，這是一個重要的階段，若因為自我的驕傲或害怕而不願悔改到底，很可能就失去一次寶貴的重生機會。

■第四個步驟：與神合作、摘下光環

所有重生的人都應該以神為中心，不再以自己為中心，在成聖的過程中要堅信，神比我們更清楚要我們去做什麼，也更了解整體的狀況。切記，這時候不要又走在前面，讓老我又出來了，即使你在做神的事工，也要等候神的旨意而不能夠憑感官來行事。我們每個人都有自己自豪的地方及功績，有自認為最棒的本領和最強的專長，也有我們最響亮的頭銜。當我們重生後，神仍會用我們受試煉過的才幹、經驗、資源去行事，但在整體上要靠神大能的指引，如此我們方能成為神眼中珍貴的器皿。

我是誰──神如何量身訂製我？

以我自身為例，為了完成我職場宣教的使命，神如何造我。

■靈性方面

神造我的目的，是在人生下半場做職場宣教的使命，但是我還沒有經歷神之前，自訂的人生意義是追求世界上的成功，而神也藉此來帶領我完成階段性的任務。

■熱情方面

為了做職場宣教的命定，神給我的熱情是勇敢為理想而活，因而不從眾，也不喜歡走俗套、跟風，總是有自己的看見及想法。面對抉擇時，傾向聽自己內心的聲音，在作事風格上喜愛挑戰，願意去做最新及最難的事，勇於創新，不怕站在風口浪尖，喜歡以系統的方式去解決一些結構性的難題。

■能力方面

神給我一個與熱情接軌、能見全局，而且能夠探索未來方向的能力。也就是扭轉五力所說的定方向的「眼力」。我總是能在關鍵時刻，因為內心的指引，見到別人所沒看見的突破點，並從中做到創新。另外，神給我一個不滿現狀、喜歡尋求突破的膽識能力，就是所謂的「魄力」。在這兩個能力配對後，神就造就出我獨特的個性。

■個性方面

神造我的個性是一個「強勢激進跟完美優思」的一個綜合體。強勢激進讓我對於做事有興趣、勇於接受挑戰，善於建立團隊跟事業；完美優思讓我對學習及求知很著迷，有很多好奇心、善於思考和善於教導。

■經驗方面

神把我放在資訊社會爆發的時代。我在美國的半導體，以及中國的通訊高科技領域工作，後來又藉由創業的過程，讓我從靈性得到操練，藉此預備我去做職場宣教的使命。

但在我工作的前 28 年，每遇工作的關鍵時刻，當我回到內心「熱情」的指引時，雖有神的同在，但神並未介入，秉持的也還是為己的「自我」思維，所以當時的我過的是工作與信

圖 8.4 神以雙職事奉的目標來造我

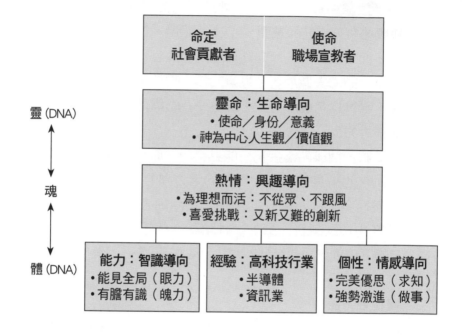

你是否思考過，每個人的人生其實有分為「正版」和「盜版」？現在的你，過得是什麼版本的人生？為什麼？

仰分離的「盜版」人生（圖 8.3），直到活出靈性重生的「真我」，方開始神原創的「正版」人生（圖 8.4）。

神如何重生我？

■製造危機，人的盡頭

神容許我在創業的時候，面臨一個無法突破的「危機」，這就到了人的「盡頭」，讓我明白不能再用自己的方法了，一定要去尋求神的介入。

■神的開頭，執著堅持

當我向神呼求時，神就有「回應」了，神給我的感動是「成為祂在企業界的使者」。然而，當我依照神的旨意去做之後，情況更糟了，但藉著《聖經》信心偉人給我的鼓勵，我就繼續做下去，這就是我的「執著和堅持」。

■認罪悔改，得新身份

如此又過了更糟的五年，經歷來自神的平安，也試著跟別人一起做工作與信仰結合的「社會貢獻者」的職份，我內心得到更多的平安，也得到一個「職場宣教者」的國度位份（圖8.5），左邊是我的工作扭轉力，右邊是生命扭轉力。

■與神合作、摘下光環

到如今，我還在學習如何「跟神合作」，做職場宣教的使命。在安靜中，我一直領受神對我說要低調謙卑地去做，摘下光環，不要再認為這個是我的專長、這個是我最厲害的地方，不要自我推銷，除非是神清楚告訴我可以去做的事情，其他我就不做。這是表示，我希望讓神走在前面領路。

圖 8.5 雙職事奉的人生軌跡

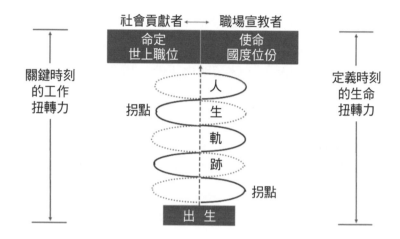

【反思學習】

筆者分享自己被神重生的四步驟，你是否正在經歷？你渴望全然活出靈性的 DNA 嗎？

人生下半場 > 為神而活：職場宣教事工、雙職事奉身份

在分享自己是如何執行職場宣教的使命之前，我先跟大家談談職場宣教的定義和內涵，同時也分享個人在這方面的一些經驗，以及「命定」對我的意義是什麼？

在過往那段創業的困難裡，我開始回想自己的人生，並重

新研讀《聖經》以做為印證，然後在神帶領走出困境後，我才慢慢明白很多以前從沒想過的事情：

第一，為什麼我在職場資歷那麼完整？

我做過工程師六年、經理人十年、總經理和總裁十二年、創業十二年，這期間我又有美國經驗和中國經驗；後來想起，其實人生是有一個軌跡的。這過程中似乎是神有一隻看不見的手在推著我往前走，為的就是讓我在活出職場宣教的命定時，可以去服事華人中，每個階層有需要的職場人士，幫助他們如何將信仰及使命，活出在生活中的每一個層面的雙職宣教士。

第二，我的職涯之所以有些科技的成果、也有些業界榮譽、商業成就，現在回想不是我自己可以做出來的，而是為了國度的準備。

正因為有這些成就，才能夠讓我接觸到——可能在傳統宣教上，最難接觸到的——一批有成就的人。這些人有企業家、商人跟企業高管，為的是能去影響這些有影響力的人士，教導並鼓勵他們藉著「營商宣教」（business as mission），去完成他們在神國度中職場宣教的使命。

第三，我職涯上的操練有很多的融合（圖 8.6）

譬如說，我有技術與管理的融合，高科技和網絡的融合，東、西方文化的融合，大、小企業的融合，以及美國、中國管理經驗的融合，這些都是過往四十年職涯中，神用看不見的一雙手一步步呼召我的過程中，慢慢累積成為我執行命定中必須有的核心專長。

第四，神永遠不會浪費

我們只要遵著神的旨意，一步一步地去實踐，祂給我們的

圖 8.6 生涯操練：找到唯一做到第一

◆ 從專業者到管理者：技術及管理的融合

◆ 從半導體到通信業：硬體及軟體結合

◆ 從電腦到資訊界：高科技及網路融合

◆ 從東方社會到西方社會再回到東方：東西方文化融合

◆ 從跨國大企業到國內創業：大企業及小企業融合

◆ 從美國公司到國內公司：美國經驗與中國經驗的融合

◆ 從成功到失敗再到成功：成功與失敗的融合

◆ 從科技企業到諮詢企業：企業與教育的融合

恩賜、經歷和資源都將被好好的利用；並不是神一旦呼召我們每一個職場人士，選擇全時間事奉神時，就必須要把他以前在職場的經驗全部歸零，只能重新從讀神學院開始；別忘了，在《聖經》中有許多在神國度中，以君王管理及先知教導的職份被呼召的聖徒。國度呼召跟教會呼召的不同之處在於，國度呼召是跨教會、跨地域、跨文化的，就像那時候保羅沒有去耶路撒冷教會，也沒有留在安提阿的教會裡；彼得雖然創立了耶路撒冷的教會，後來也因為見到異象而去做國度的事。

　　基於以上的看見，我領受到自己人生的目的，是在國度中去做職場宣教的命定，以及宣導雙職事奉的異象。

【反思學習】

從過去的人生歷練和工作經驗當中，你歸納出了哪些自己的「唯一」？

　　我之所以會依據神的呼召積極完成這些事工，主要是因為看見當今教會及宣教機構的困境，源自於有部分的信徒及教會牧者，極力主張「聖俗二分」的聖俗論（圖 8.7），也就是認為工作、金錢等議題都是俗的。既然聖、俗之間有一道深淵且本質衝突，那就該一律將俗的事物拒於教會之外，也因此常透過講道教導信徒不可貪戀世界上的工作，而是要多委身在教會的神聖事工，方能真正討神喜悅且被神紀念。但這狹隘教會觀的心態，也就導致講道內容難以落實在工作和生活中。

　　在過去一些傳統的神學概念上，把世俗（屬世）和神聖（屬

圖 8.7 聖俗論：狹隘教會觀，定點定時的宗教活動

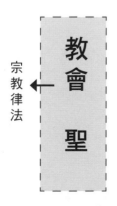

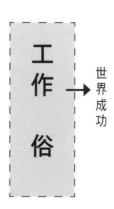

靈）分開，讓一切更簡單明瞭。如此二分法只適用在靈界，實際上，在世界聖與俗是同時並存的，而且都屬於神。信徒如何在這兩個層面自由地穿梭？需要有智慧！那就是**活出耶穌的勸勉「馴良像鴿子但靈巧像蛇」的智慧，也就是無論面對任何景況，要內心馴良像鴿子（屬靈），但在行動中要靈巧像蛇（屬世），這亦是職場宣教的重要內涵。**

　　什麼叫職場宣教呢？職場宣教就是在信仰的國度和職場的世界中間，建立一座雙職事奉的橋樑（圖 8.8），雙職事奉是倡導信仰與工作合一的理念，重點是在工作的志業上要找到命定，同時在信仰的國度中要活出使命，兩種身份是一體的兩面、相輔相成。也就是如何用「聖」的方法將看似「俗」的工作做「好」做「對」。

　　簡單來說，職場就是工作、宣教就是信仰，職場宣教就是倡導並教導在工作中活出信仰，所以我就致力於在工作與信仰

圖 8.8 雙職事奉：普世國度觀，隨時隨地的信仰運動

之間建立一座橋樑，並因此寫了《贏在扭轉力》《第一與唯一》及《雙職事奉》三本書，之後也以書為本，製作了職場宣教的普及課程。圖 8.9 是單職事奉和雙職事奉的異同及互補說明。

【觀念更新】

傳統神學將世俗和神聖分開，筆者則主張，其實可以將聖帶入俗，透過職場宣教將兩者結合，此一觀念帶給你的啟發是？

圖 8.9　單職事奉與雙職事奉的異同及互補

	單職事奉	雙職事奉
切入點	以信仰的角度切入傳福音、做門徒訓練	從工作及信仰的角度同時切入傳福音、做門徒訓練
差派	牧者、宣教士、傳道人	帶使命的專業人士、企業家、商人、職場牧者
委身	教會、牧區、宣教工場	職場、國度、宣教工場
著重點	牆內專注	牆外及無牆專注

　　為了做好職場宣教，教會及宣教機構：

　　(1) 不能只是將教會或神學院的教材，原封不動地搬進來使用，因為缺乏實際工作的案例及經驗；

　　(2) 也不能只是將商學院或 EMBA 的課程強行植入，因為其中看不到生命及愛。

　　前述提到的三本書及課程就是為了職場宣教客製化的教

材，可以拿來用在職場宣教的教導及職場的門徒訓練。如果想在這聖俗兩極之間走出一條全新合一的道路，需要專為職場人士客製全新的教材。

耶穌其實是職場宣教的鼻祖，祂在世上傳道的時候，從來沒有說，你們要到會堂我才能解決問題、才能醫治；相反的，耶穌永遠是走入人們的工作及生活場所去幫助別人的，而且耶穌呼召門徒，也是在工作中呼召他們的，祂在捕魚的地方呼召漁夫，在稅關上呼召稅吏。

「職場宣教」與「雙職事奉」

■使命策略化、企業化

自 2014 年起，在我自職場退休後，我在執行職場宣教使命時，如何將其策略化和企業化？以及採取什麼樣的策略思維？（圖 8.10）

當初我是選擇六個策略性的地點，三個在亞洲（我熟悉的城市），就是上海、台灣和北京，三個在北美，我選擇的是東岸的波士頓、南邊的休士頓，以及西岸的洛杉磯。

為什麼說是策略性的城市？因為這些地點有比較多的「有影響力的信徒」，這些人就是所謂的企業家、商人及企業高管。基於這樣的策略性思維，即使很多地方的機構邀請我去開辦課程，我還是固定每年只去這六個地方，而且每年固定去三次，這就是要專注，不要做得廣（一般大眾），而要做得深（關鍵少數）；深，才能夠達到「生命影響生命」。

企業化的執行是指，做一件事情要非常有系統、有規律地

圖 8.10 雙職事奉者—職場宣教的拓荒—策略化與企業化

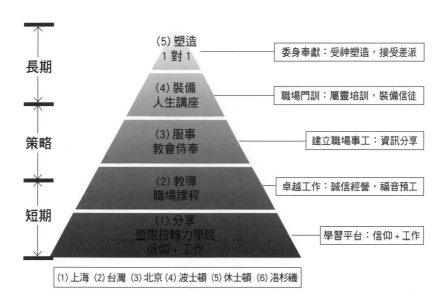

不斷重複去執行方能複製，不要只辦活動（moment），而要形成運動（movement），所以我到每個地方都會非常有系統地做同樣的五件事。

第一，我會教導一個職場課程，一定是安排在一個週六早上九點到下午五點，且因應學員們的請求，我就寫了《贏在扭轉力》這本書。

第二，我都會到當地教會參與多方面的服事，包括主日證道。

第三，我做了職場宣教一陣子後發現，其實許多四十五歲以上的信徒，對於工作、家庭和信仰之間的關係是很迷茫的，所以在他們的要求下，我也開始教關於人生的講座，也因為這

個原因，我寫了《第一與唯一》這本書，就是從人生講座裡面延伸出來的。

第四，同時也做一對一輔導，一對一輔導是生命改變生命最好的途徑之一。因為每次限制在五十分鐘內，所以每年我可以做 250 多次的職場輔導。

第五，成立「國際扭轉力學院」的網絡宣教事工。

■使命傳承化、成全化

進入到第四年（2017），我就開始把使命的「策略化、企業化」，提升至「傳承化、成全化」。（圖 8.11）

我們做神國的事工，第一個很重要的認知是：如何把自己宣導的理念以及在做的事工傳承下去？意即怎麼達到代代相傳、長期經營？第二個很重要的認知是：如何成全關鍵少數對此異象完全認同的信徒，共同參與使命，並且從中成全他們的呼召及命定？

這讓我想到，參加華人差傳大會的時候，我發現到一個現象就是，每次大會呼召都有幾百人出來，細分之下發現，絕大多數人都是要在職場做宣教的雙職事奉者，但可惜的是，絕大部分的教會都把這一部分的人忽略了；因為教會只在意培養傳統的宣教士和牧師。

殊不知，在許多地區想要牧養教會的專業牧師過剩，卻極缺乏想牧養企業、商業的「職場傳道人或牧者」。這個現象便凸顯出：為什麼職場宣教如此重要？以及想在職場傳福音的這些人，為什麼那麼值得被關注？

回到我個人的經驗。我是先用策略性和企業性，做了三年

圖 8.11 雙職事奉者—職場宣教的願景—傳承化與成全化

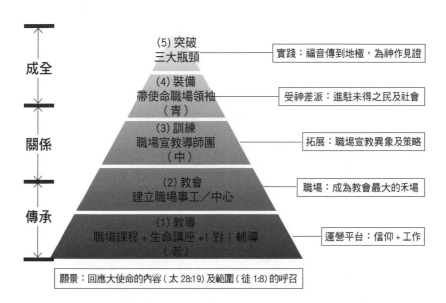

拓荒的事工，再藉由這三年的經歷，慢慢看到將來要去拓展什麼？這就帶出來職場宣教的願景。

　　透過圖 8.11 可以看到，我除了繼續每年固定前往六個地方（台灣、上海、北京、波士頓、休士頓、洛杉磯）做系統性的職場宣教，第四年又開始往上走幾層。在第二層，已有不少的教會有建立職場事工跟職場中心的意願，那我就會與當地教會的牧者及同工去共同建立，並取得好的進展。

　　第三層是為了實際落實傳承與成全的使命。神也感動我，要呼召一批職場的導師班或教師團出來，就是一群中生代的企業家、商人、專業人士及牧者，我希望先傳承再交棒給他們，所以 2017 年，我在亞洲成立一個「職場導師班」，從北京、上

海、台灣挑選一批有影響力,並且願意在職場事工委身的基督徒。

同時在台灣也成立了「接班牧師班」,藉著培訓及一對一輔導,幫助這批中生代有影響力的牧者,把接手過來的大型教會辦好。

另外,我受邀在幾所神學院教導「職場事奉」的課程,專門培養準備朝此方向全然委身的神學生。為了實踐社會貢獻者的職責,也在兩所商學院教導「企業管理」的課程。

2019 年底,北美的職場導師班也正式成立,裡頭的成員涵蓋了北美各州的人選。

同年因為疫情沒法去宣教工場,就轉型到線上無牆的課程及事工,反而將職場宣教的事工擴張到更廣、更遠的境界。各地職場導師班成員,每年除了在線上教學中擔任主持人、助教、小組長的侍奉及培訓外,也會有兩次的密集培訓,讓他們學會如何運用這三套課程去做職場宣教的使命。

成立導師班的真正意圖,其實是為了進入第四層。我期許這些導師班的成員,每個人能夠去成立自己的導師班,去牧養並裝備一批更年輕的職場宣教者接棒,去拓展圖中最頂端的三件事情,就是:

(1) 怎麼將工作帶到「未得之民 /UUPG」去傳福音?

(2) 怎麼先解決年輕人最關切的工作難題中,帶出福音的信息?

(3) 怎麼幫助教會從「牆內到牆外」,再從「有牆到無牆」以影響社會?

除此以外,也希望能配合中國「一帶一路」的經濟政策,

藉著帶使命的企業家、商人、專業人士、以及職場牧者到中亞、中東及南亞去工作、去創業，以承接華人基督徒福音傳回耶路撒冷的一棒。當然了，這張圖層所要完成的每一件事情，都必須要靠神來開路，不是人的想法及力量就可以完成，所以我們只需做自己該做的，其他的就交在神的手裡！

　　各地導師班的成員，是我接觸到眾多學員中非常少數，但極為關鍵的一群，他們內心都渴望侍奉神，但相較於教會牆內一陳不變固有的體制，他們更嚮往牆外國度中創新的宣教方式。他們是在靈裡神聖不滿足的信徒，所以當聽到「職場宣教」、「雙職事奉」的信息時，就像被電觸到一般的全然認同，並主動自願加入的。他們的加入是經過嚴格的審查及挑選，並要寫下「委身書」。因為是為自己心中所認同的願景和使命而活，所以其中有人已將這些理念及方法教過千人以上的人次，也有人已傳承到了第四代，也有已在一帶一路的宣教路途上。

【反思學習】

看到筆者有系統性地執行個人使命，若利用類似的金字塔圖形，你會如何導入個人的使命？

創業，一生中最糟，也是最好的決定

　　在我 40 年的工作生涯中，最後十幾年是自己創業。我對自己創業的評估是：創業是我一生中最糟，也是最好的決定。

　　為什麼說是我一生中「最糟」的決定呢？

　　第一，我放棄原本可能成為摩托羅拉總公司 CEO 執行長的職位，等同是拒絕了大好前程出來創業；第二，我原本以為很快就能成功，沒想到居然遭受到巨大失敗的打擊，也受了很多磨難。所以從世界的角度來看，放棄大公司這麼好的職位，從零開始創業，結果又遭遇這麼多的失敗，所以無庸置疑是一個最糟的決定。

　　那又為什麼我會說，創業是「最好的決定」呢？這就要從屬靈（生命扭轉力）的角度來看了！

　　我的人生可以分為三部曲：上半場是以追求職場上的成功為我的人生目的，創業其實也是為了延續這個目的。但沒想到在屢次的失敗中讓我進到人生的中場，人生中場的這十幾年，是我在曠野中靈性受到操練最多的一段時期。

　　在人生的下半場，我實踐了雙職事奉的呼召，就是同時成為一名「社會貢獻者」（世上）及「職場宣教者」（國度）。所以從這個角度來看，創業是我一生中「最好的決定」。

【反思學習】

在你一生當中，有沒有看似最糟、卻也是最好的一個決定？為什麼？

CHAPTER 9

——◆——

獨立思考——
終身學習的法寶

　　在敘述完自己的工作扭轉力及生命扭轉力後，我希望介紹兩個打通以上任督二脈的工具——本篇的「獨立思考」，以及下一篇「靜的力量」。希望幫助大家透過刻意練習，逐步穿越表象的限制、進入內心，領受個人專屬的美好異象。

　　一切都不是偶然！神創造了人類，賦予我們左右手、左右腳，就連至關重要的「腦」，也分成了左右兩邊，這似乎意味著，雖然都可以完全獨立運作，但想要有效能地完成一件事情，將有賴於左右手、左右腳、左右腦之間的合作。本篇談的是獨立思考，所以接下來我們就從「左腦」和「右腦」的差異及合作開始說起。

　　左腦是慣性、理性、收斂式思考，探問的邏輯是 what happened（發生了什麼事）？右腦是逆向、感性、發散式思考，探問的邏輯是 why does it happen（為什麼會發生）？

　　主掌語言能力的左腦，擅長的思考方式是分析、講究順

序，從小細節中一點點放在一起來看整體，負責閱讀、寫作以及運算，大多數人稱之為「邏輯腦」。當我們開始學知識，通常都是左腦主導，最後也是由左腦來做決定，所以左腦可以稱之為人體的 CEO。

主掌視覺的右腦，擅長處理影像，面對資訊是以直覺並同步的方式操作。相較於左腦是細節高手，右腦則是從大方向著手，再一點點看到細節，大多數人同意它是偏向於創意及藝術傾向的腦。當我們的左腦解決不了事情時，就要學會用右腦來幫助左腦做突破。

回顧求學過程中，大多數的我們在學習知識的時候，是被訓練成用理性的左腦在思考，因此離開校園步入職場，一旦碰到疑惑、困難、爭執等，左腦不管用時，常會顯得驚慌失措或是呆若木雞，即使絞盡腦汁發想解決方案，都始終無法讓上司或客戶買單。

這時，我們會誤以為癥結在於專業知識不足，便利用下班或假日猛 K 書，甚至到補習班報到，努力考取各種專業證照。但最後會發現，即使耗費可觀的金錢和時間，考取了族繁不及備載的專業證照及學位，回頭面對原先的困境，依然是無所適從。

為何會如此？進一步探究會發現，真正的癥結在於——雖然擁有豐沛的專業知識、經驗，卻無法將知識、想法組織化，並完整精準地傳達給他人。當你在會議中面對一個突發的難題時，你是腦中一片空白不知道如何是好，還是想法到處都是，或是沒有一個主軸，也抓不到重點；還是能用你的思考力，在聽他人說的時候，腦海中開始像是一個搜索引擎，不斷掃過一

圖 9.1 一般思緒和獨立思考的比較

一般思緒
順著別人的思維模式：
1. 缺乏思考主導
2. 知識糾纏不清
3. 造成思考盲點

獨立思考
用自己的思維方式：
1. 手腦並用　　2. 理清思路
3. 邏輯思維　　4. 破解盲點

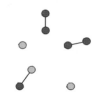

從無組織信息
到有組織知識

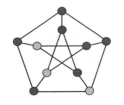

工作瓶頸：
1. 解決不了難題
2. 言語沒有說服力

培養思考的：
1. 直覺性　　2. 關聯性
3. 整體性　　4. 旁通性
5. 預見性

【觀念更新】

左、右腦的特性，你以前知道嗎？兩者間的合作關係，你會如何應用？

些圖片和資訊，越聽敘述搜索的範圍越窄，一直到找到一句話，或一個圖片來找出問題的中心，並提供一個解決問題的方法，兩種截然不同的思維模式的比較在圖 9.1。

　　所以我建議應該把努力的重點放在「改變學習方式，不斷進行獨立思考操練」，讓自己不再創意豐沛卻語無倫次。

左腦的操練—嚴謹思考 vs 右腦的操練—換位思考

相較於西方，東方學子普遍未受「嚴謹思考」（critical thinking）的訓練，教育體制本身也不鼓勵獨立思考。

東方教育是採「灌輸教育」，特點包括：上課定點定時、課程由教師主導，只教統一教材、試題皆有標準答案，因此學生習慣背標準答案來取得高分。在這樣的教育體制下，學生的思考過程變成不求甚解，不擅做組織性思考的操練，也因為思考呈跳躍式，多半僅能提出膚淺建議，無法進行更深度的判斷和抉擇。

曾經有研究指出，在大學之前，東方學生表現多半優於西方學生，但在上了大學之後，西方學生的表現就會後來居上，不僅解決問題的能力隨著受教育年歲增加，還逐漸拉大與東方學生的差距。

舉個最明顯的例子，東方學生到美國攻讀碩、博士，常會遇到很大的阻礙，因為論文寫不出來。考試可以用背或套公式的，但寫論文仰賴的是嚴謹思考及導公式，我就曾經看過有東方學生因為論述不夠嚴謹，高分低能，論文寫了十次都無法通過。

右腦操練的重要性，同樣不可忽視！

二次世界大戰末期，盟軍猛烈轟炸德國，當時飛行員的數目遠遠少於飛機的數量，因此盟軍總部特別訓練飛行員，教導他們如何在飛機被擊落後，仍能逃回基地，還為此編輯一本詳細的逃生手冊。

結果，實際對德國進行轟炸時，那些考試成績優異的好學

生，在飛機被擊落後都沒能逃出來，反倒是那些經常對逃生手冊內容提出異議，讓老師頭痛的學生，大部分都用各種一般人想不到的方法，越過敵境安全返回。比方說，當那些好學生只會按照逃生手冊躲藏到樹林裡頭，那些壞學生卻逆向思考的想說，「何不混進人群裡面，讓德軍敵我難分？」

盟軍總部進而歸納發現到，原來考試成績好的都是用左腦理性思考的，只會照逃生手冊去執行，這與追捕他們的德軍思路一致，所以很快就被一網打盡。反之，順利逃出來的那些飛行員，因為是以右腦換位思考，非理性的思維讓他們想出許多「非常態」的逃生方法，也是德軍始料未及，因而能脫險。

【反思學習】

你認為學習的目的是為了得高分、進名校？還是解決問題、言之有物？為什麼？

左右腦的結合應用，還能為我們的人生帶來哪些好處？接下來我就以猶太人的教育為例。

■猶太人的智慧──獨立思考能力

猶太民族，雖然人口數僅占世界總人口的 0.3%，卻得了世界上 27% 的諾貝爾獎，是其他民族的 100 倍。全世界最有錢的企業家，猶太人就占了一半。

很多人都將上述成就歸功於猶太人的聰明，但其實更精準

地來說，是因為他們從小就被訓練要操練「左腦的嚴謹思考」及「右腦的換位思考」。

　　猶太父母特別重視和孩子之間的思考交流。每當在生活中碰到問題，常常都會鼓勵孩子獨立思考，而不是直接提供標準答案，因為他們認為**教育並不是以得到知識為主，那只是模仿，應該以思考為基礎，那才是學習的核心。**

　　懷疑是智慧的大門，一個人知道的越多就越會產生懷疑，問題也會越來越多，透過主動發問學習到更多的東西。因此獨立思考可以快速幫助一個人進步，並且內化所學到的一切。

　　回想在課堂上，什麼情況下學生會舉手發問？情況不外是兩個。第一個，可能是老師沒有講清楚，所以你發問，老師也因此解釋得更清楚，讓學生們聽懂；第二個情況是，老師的思路跟你不同，而你找到了老師思路的疑點，所以發問。當然了，可能有大部分的時候，老師的思路更為周全或正確，經由一來一往的發問，你就更能從老師那邊學到正確思路，這些都是嚴謹思考的操練。

　　我曾經聽過很多人分享說，到以色列教書很不容易，尤其是教小學生，老師講一句話就有十個小朋友舉手發問，而且整堂課問個沒完。老師並不會因此生氣，因為如同猶太父母不會給孩子標準答案、強調思想交流，猶太老師也樂見學生們發問。

　　經由嚴謹思考操練左腦、習得一定的知識之後，透過換位思考來進行右腦的創意操練，也同樣重要，因為那才是真正能夠創造財富的智慧。

【觀念更新】

你以前對猶太人的認識是什麼？是否知道「獨立思考」在他們教育
中扮演的重要性？

■兩個發人深省的猶太人故事

有一個猶太商人到銀行去，大家看他身穿名牌衣、手戴名
牌錶，就認定這人肯定來頭不小，沒想到商人在得知「借款年
息是 6%，而且只要有足夠的擔保品，要借多少錢都可以」之
後，竟開口說只要「借一塊美金」，接著便拿出價值將近五十
萬美金的股票和債券，作為擔保品。

銀行的行長覺得很奇怪，跑過來問說：「先生，其實你要
借再多錢都可以，為什麼只借一塊錢？」

此時，商人直白道出內心的盤算，說：「我剛到紐約，發
現紐約的保險箱年費都很貴，但我跟你們借一塊美金，一年後
只要支付六分美金，你們就會幫我把這些東西放在保險箱裡，
這樣不是便宜多了嗎？」

第二個故事是，在美國德州有一位猶太人父親，專門賣
銅，有天他問兒子：「現在每一磅銅賣多少錢？」

兒子回答：「三毛五分美金。」

「這個價錢，行內的人都知道，那麼你要想的是，怎麼把
一磅銅從三毛五分美金，賣到三塊五美金。」

兒子心想怎麼可能？便問父親：「那我要怎麼賣呢？」

父親接著舉例：「你試著把銅做成銅把手、銅的鼓，做成

瑞士手錶上的簧片，做成奧運會銅牌的獎牌……」後來兒子也真的照做了，不僅因此創立了知名企業，還曾經將一磅的銅賣到三千五百美金。

　　經由上述這兩個故事，我們可以得出一個結論是：其實猶太人的成功，並不是來自於比其他民族聰明多少，而是從小就被訓練左腦的嚴謹思考及右腦的換位思考，並且可以輕易在兩者之間切換。學會嚴謹思考和換位思考，他們從小就贏了。

【反思學習】

你覺得教育學習的目的，旨在注滿一桶水？還是點燃一把火？為什麼？

　　大多數人都希望，自己能成為成功人士。成功人士具備的特質之一便是「獨立思考力」；這是成功的第一步！

　　「獨立思考」是指能夠主動的思考、展現自己的意志，並爭取屬於自己的思考主導權。「思考主導權」又是什麼意思？就是在與他人的對話、互動過程中，不被他人的思路、想法影響，也不會完全順著他人的思路來思考，甚至還能反過來引導對方順著自己的思路來思考。

　　獨立思考可以幫助我們突破許多職場困境！絕大多數的上班族，在工作一陣子後，遇到的職場瓶頸不外乎有二：

　　(1) 無法解決難題

　　(2) 話語缺乏說服力

　　這時，獨立思考就是幫助你理清思路的方法，讓你提升構思能力去解決難題，並學會將複雜的觀念，轉化為清楚易懂的溝通能力，增加在職場溝通時的影響力。

　　這種獨立思考的能力，在後新冠時代尤其重要！試著想像下列這五個問題，看看你的心中是否有答案。

　　(1) 面對突發狀況及難題時，如何做出快速又正確的決定或解決方案？

　　(2) 面對不認識的群眾，如何即席回答問題、影響他人？

　　(3) 面對抽象複雜的概念時，如何剖析成透徹易懂的觀念？

　　(4) 面對意見不同的人群時，如何做出撼動人心的演講來集結人心？

　　(5) 面對日新月異的未來，如何有一套不斷學習新知識、新事物的方法？

　　獨立思考之所以重要，是因為再多的知識及技術都有局限性，而且也會過時或忘記，而一套高效合理、快速分析、發現問題根源、並提出新穎解決方案的模式，是可以應用到工作及生活的方方面面的。這種學習方式孩子及成年人都適用，因此接下來，我也會分述「如何運用獨立思考」及「如何學習」。

【反思學習】

　　在過去遭遇過的職場或人生難題中，你有做到獨立思考嗎？如何幫助到你？

獨立思考的五個元素

如果將思考具體化，亦有其質量與向量；唯有兼具質量、向量，思考才具備動能與力量。

根據我多年的觀察省思，**思考的質量是指直覺性**（intuitive）、**關聯性**（relevance），**思考的向量當為整體性**（integral）、**旁通性**（across discipline）、**預見性**（future）。

什麼是思考的「直覺性」？

就是在龐大或不完整的訊息或數據中，能很快地看出問題的重點或疑點，偵測到訊息或問題的關鍵點、事物的真相。要培養這種直覺能力，有賴於持續不斷且系統化地整理消化接觸到的訊息，一旦建立了直覺能力，縱使在資訊很少或時間非常緊急的情況下，你也能想出獨特或新穎的解決方案或決策。

解決問題的第一步常倚賴直覺，但如何培養直覺卻最為困難！最簡單的自我訓練方法，就是「寫下」自己對問題的理解（可以藉由工具寫，或在腦中寫），因為寫是釐清思路最有效的方法（「看」與「聽」是較低層次的思考，不夠嚴謹），在寫的過程中，將別人的想法轉換到自己的思路裡做判斷，若寫不下去時，要試著去找資料或請教他人，直到寫成並養成習慣；久而久之，思考要嚴謹到滴水不漏的境界，如此直覺將越來越強，當遭遇問題時可在最短時間內直指問題核心（左腦嚴謹思考）。

思考的「關聯性」，則是建構在直覺力的基礎上。

當問題的重點或疑點有了初步的認知後，能在很短的時間內不受龐雜的細節干擾而做脫框式的換位思考，使得解決問題

變得很簡單（右腦換位思考）。

　　思考的「整體性」顧名思義就是：你的解決方案不是針對一個點、不是單方面的結論，而是系統性、整體性的思索。有了整體性的視野，在溝通複雜的觀念時非常有用；處理結構性的大問題時，也非得有整體性的思考力才行得通。

　　「旁通性」是指觸類旁通、跨界思考，以印證解決方案的正確性。

　　有了前面四種思考能力的指引，再加上想像力，「預見性」（對未來趨勢的敏銳度、甚至創造趨勢）自然也是水到渠成之事了！

　　經過獨立思考訓練後的頭腦，將有如 Google 搜索引擎般強大而好用，它具備了：

　　(1) 在接到使用者輸入的關鍵詞後，會在最短時間內、在不完整的訊息或數據中，找到問題的重點或疑點（直覺性），再給出最正確的資料（關聯性）。

　　(2) 繼續搜索下去，能提供更完整及相關的資訊（整體性、旁通性）。

　　(3) 最後，還能給出未來的趨勢和走向（預見性）。

【觀念更新】

筆者提出獨立思考的五個元素，你曾經用過哪些元素來認識和學習思考？

獨立思考的誕生：「困境求生」和「逆向操作」

雖然在讀研究所時，我已認知到自己在思考上有缺陷，但真正感受到問題的嚴重性，是在初入職場，因為好幾次在「聽懂」前輩的解釋，我自以為對問題已徹底且全盤理解，直到有天，同仁詢問相同的問題，我的回答卻支離破碎、無法說明清楚，我才發現自己並沒有真正理解。

主要是因為那位前輩在講的時候，我完全是跟著他的思路在走，他是跳躍的說明，我也是跳躍式的理解，但換成是自己要從頭到尾說一遍時，思路就不夠完整了。

自此，我下定決心每天下班後，再留在辦公室一段時間，將白天探討的重要議題用自己的想法及思路重新整理、一條一條有次序地書寫下來。一旦詞窮或語塞，便立即著手蒐集資料、反覆思考或再回去討教，直到完全理解通透，進而慢慢養成嚴謹思考的習慣。

書寫練就了我的思考直覺性。接下來，在面對每個議題三、四頁文字的論述文字中，再問自己到底在說些什麼？重點在哪兒？我強迫自己將這三、四頁的文字再濃縮、精煉為兩、三句結論，這個做結論的訓練，培養了思考能力的「關聯性」和「旁通性」。

後來，我還進階將文字所提到的人、事、物，將其關係畫成一張圖表，藉此訓練思考的整體性、預見性。有了這兩、三句結論與關係圖表，讓我不會困在龐雜的枝微末節裡，而有宏觀的視野和整出整體方案，有時更能預見未來。

又譬如說，我現在不論是寫書或者是教課的時候，我都會

下一個標題，並且點出幾個關鍵字，一下子就可以把想傳達的理念，很明確又有組織地讓大家都聽得懂，這樣的論述能力就是受惠於一路以來的獨立思考訓練。圖 9.2 就是我如何培養獨立思考，將無組織的資訊，轉化成有組織的知識。

■培養獨立思考的原則

第一步「**力求甚解**」：問到「懂」、信息吸收，左腦了解別人的信息（操練直覺性）

第二步「**嚴謹思考**」：寫到「全」、資訊編輯，左腦轉化成自己知識（操練直覺性）

第三步：

——**寫下結論**：右腦宏觀思維、大膽假設，換位思考（操

圖 9.2 從無組織的資訊到有組織的知識

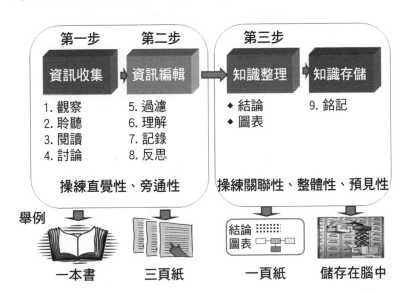

練關聯性）

　　——**破除盲點**：右、左腦互動（操練旁通性）

　　——**要畫圖表**：左右腦互動、小心求證（操練整體性、預見性）

　　■**如何進行獨立思考操練：3 法則 6 步驟**

　　為了幫助讀者可以從整體的角度來理解獨立思考的操練，我繪製出了下列這張圖（圖 9.3），引導大家如何一步一步地培養獨立思考。

　　法則一：信息層面處理：信息吸收（步驟一）＋資訊編輯（步驟二）

　　強調更深、更廣、更主動、更積極地吸收資訊，並經由過濾、理解、寫下、反思，在將資訊轉化為知識的過程中，培養

圖 9.3 獨立思考能力培養及應用（整體圖）

法則一：信息層面處理——寫下來（嚴謹思考，破除盲點）
　‧步驟一：信息吸收
　‧步驟二：資訊編輯

> 培養直覺性、旁通性

法則二：知識層面處理——結論＋圖表（建造知識模組）
　‧步驟三：知識整理
　‧步驟四：知識儲存
　‧步驟五：知識模組

> 培養關聯性、整體性

法則三：發展知識應用——解決難題＋有說服力
　‧步驟六：模組搜索

> 培養預見性

思考的「直覺性」及「旁通性」。

法則二：**知識層面處理**：知識整理（步驟三）＋知識儲存（步驟四）＋知識模組（步驟五）

知識整理是把條理地寫下知識後、再結論出幾個重點，目的在於讓你不被枝微末節的事物纏繞，並從中釐清出「關聯性」；再以畫出相關事物的圖表，培養「整體性」的思考，此步驟是知識的提煉，以利於銘記快速吸收的新知、儲存知識，並不斷擴充知識模組。

法則三：**發展知識應用**

落實在解決實際難題，其步驟為「模組搜索」（步驟六），旨在增益直覺性判斷能力。當累積足夠的知識模塊，便可應用於生活和職場；當遇關鍵時刻便啟動腦中的搜索引擎（圖9.4），

圖9.4 獨立思考：快速解決難題、提升說服力

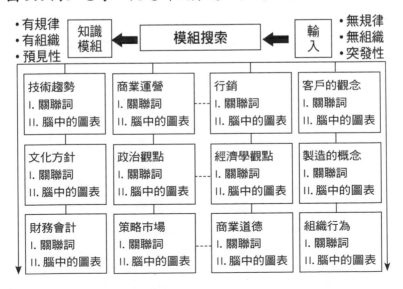

找尋適用的知識資訊，適時做出正確的判斷，並以培養「預見性」。

【反思學習】

若是將筆者提出的「3 法則 6 步驟」，套用在你現行的思考方式當中，有哪些是已經做到？哪些還有待學習補強？

獨立思考輔導案例剖析

當你在腦海中建立了一個像圖 9.4 這樣的搜尋引擎，無論是在剖析自身或是他人的難題，通常也能很快就找到癥結所在，進而對症下藥，發展出有效且具體的行動策略，扭轉原先的頹勢。

讓我來舉一個在針對職場工作者做一對一輔導時，曾經遇到過的案例，向大家示範我是如何藉由上述的獨立思考方式，在很短的時間內就幫他釐清問題所在，並且找到解決方法。

*

Jacky（化名）是一位新創公司的高階財務主管。跳槽之前，在原公司負責會計工作。雖然在原來的舒適圈待得很安穩，工作表現也屢受肯定，但心中總有一個聲音催促著，要他「將船開到水深之處」。也因此，他才會在我的鼓勵下，幾經思索後辭掉工作，加入目前任職的新創公司，但進去沒多久就發現，公司似乎陷入了多頭馬車的經營困境。

「孔老師，您可終於來了，我盼著要跟您見面盼好久啊！」

在 Jacky 跳槽後的那次一對一輔導，我注意到他看起來很疲憊，也明顯感覺到他非常期待這次的會面，彷彿在尋求救援。

在簡單的問候後，Jacky 便闡述積壓在心裡好一陣子的苦悶和困境：打從加入新公司的第二個禮拜，看到大家各忙各的，他卻不知道可以主動為公司做些什麼，也不知道該如何與大家的工作接軌？

Jacky 進一步說，財務部只有他一個人，每天上班也與其他八個部門的同仁沒有交集，感覺像是化外之民。再加上，雖然公司請了一位外部財務專家，固定每週到公司來協助他，但教的都是一些財務法規和理論，無法立即派上用場。英雄無用武之地，使得他在這家公司越待越心慌。

「我現在非常恐懼，當我想找執行長談談時，他又忙著在客戶端及融資方那邊打轉，根本沒空理我。這段時間，總有一股不祥預感讓我感到莫名的慌張，像是掉在漩渦裡，即將被吞噬，所以想問問孔老師，我到底該怎麼辦？」Jacky 急促地說著。

【情境體驗】

如果你是案例中的 Jacky，跳槽後遇到這樣的工作困境，會如何突破重圍？

約莫有十幾分鐘的時間，Jacky 都在自個兒的問題中打轉，即使類似的內容講過一遍又一遍，對於現況依舊理不出一

個所以然來。反之，我在他開口講第一句話的時候，就不斷地在腦海中掃過一些圖片和資訊（圖 9.4），試圖找一句話來描述他的現況，也就是進行所謂的「獨立思考」。

很快，經過嚴謹思考，我的「直覺性」告訴我，問題的核心在於公司的執行長——怎麼可能成天忙著跟客戶端及融資方交手，卻沒有公司具體的財務訊息？

「關聯性」是建構在直覺力之上。當我設定問題核心出在執行長，在不受龐雜的細節干擾下，我透過脫框式的換位思考，發現突圍之道在於：「如何讓執行長主動需要 Jacky 提供財務專業的幫助」，也就是在眾多「不可能」與 Jacky 合作的部門中（左腦的理性思考），用右腦換位思考，挑戰左腦為什麼不能將執行長從「不可能」轉變成「可能」。

「旁通性」是指觸類旁通、跨界思考，因此我建議 Jacky 可以藉著建立全公司未來六個月的財務報表，來彰顯自身的工作定位；再來運用「整體性」的概念，將公司目前八個正在往不同方向前進的部門，藉著執行長的介人，整合到同一張報表上去，將原先不可能有的部門合作，轉變為可能。

「報表上第一項的收入（revenue）就要有產品價格、產品銷售數量、誰是客戶、產品上市時間等。牽涉到的單位有研發、設計、銷售、市場、客戶、CEO、CTO 等；第二項是產品毛利（gross margin），這是產品成本的估算，你就可以名正言順地與生產、品管、運輸等部門商討；第三項費用（expenses），那牽涉就更是廣泛了，每個部門都要給你預算，用錢的前後也必須與你互動；第四項盈虧（profit），這可以幫助你及 CEO 與未來融資者在商談時言之有物。」

我接著說：「如此一來，你的工作就很自然地與各部門接軌，也可以預先與各部門設立定期會議，做正式的交流，而且我預測你的 CEO 也一定會支持你的（預見性）。」

Jacky 聽完，開心地說：「這真是太好了，我立刻去做幾個相關聯的 PPT，藉此先告知 CEO，然後與各部門進行溝通。」

兩星期後，我收到了一封 Jakcy 寫來的 E-mail。

他在信中提及：「關於孔老師上次教導的提議，CEO 與外部專家完全同意，自下個月起：

(1) 我與 CEO 每週一對一會議，討論公司的財務狀況；

(2) 在 CEO 的督促下，與其他部門總管每月開會一次；

(3) 與外部專家的會議也圍繞在我的工作定位上。

真的是太感謝孔老師了，我從未預料能透過五十分鐘的輔導，讓自己從毫無頭緒、恐懼中，看到一線希望，如今我也在滿懷熱情中找到工作樂趣！」

「希望你的定位點是你職涯的突破口！」在回信中，我如此祝福他，也真心為他感到高興。

獨立思考的精髓在於──左右腦切換自如！一個左右腦思考都擅長的人，不僅可以在一般時刻以左腦擅長的嚴謹和慣性思維，幫助自己穩扎穩打；遇到人生拐點的關鍵時刻，因為懂得用右腦做逆向思維來應變，也不至於翻車（如圖 9.5 所示）。

正因為懂得切換左右腦思考，我才有辦法在短時間內，就幫助 Jacky 把很多左腦評估的「不可能」與他合作，一步步透過右腦來解套，逐一變成「可能」！

圖 9.5 獨立思考—左右腦自然切換—解決難題

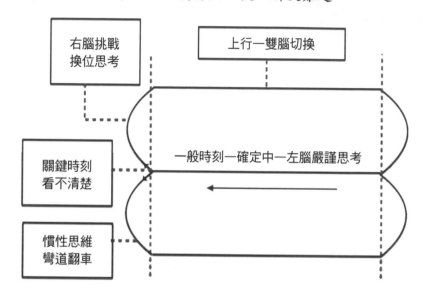

【反思學習】

筆者利用獨立思考為 Jacky 找出新的工作定位點，這套模組可以如何運用在你現行的工作中，進而找出自身的定位點？

獨立思考：終身學習的法寶

公開授課時，常有人問我是如何操練獨立思考？其實就是將獨立思考的操練，成為每天日常生活中的一個好習慣——這個答案看似簡單，但要持之以恆還真的不容易。

左腦──慣性及理性思維 　　──收斂式 what happen 　　　（發生了什麼？）	右腦──逆向及非理性思維 　　──發散式 why not 　　　（為什麼不能？）
研發 → 不可能 設計 → 不可能 市場 → 不可能 銷售 → 不可能 運營 → 不可能 運輸 → 不可能 人事 → 不可能 CEO → 忙著與客戶、融資方交手 直覺性：CEO 無須整體公司財務報表的支持？	CEO：需要 Jacky 的財務報表（關聯性）→ 財務報表（旁通性）→ 其他部門（整體性）→ CEO 支持（預見性） 研發 → 可能（整體性） 設計 → 可能（整體性） 市場 → 可能（整體性） 銷售 → 可能（整體性） 運營 → 可能（整體性） 運輸 → 可能（整體性） 人事 → 可能（整體性）

接下來，我就將自己如何在日常生活中操練獨立思考的方式，逐點條列出來，提供讀者們有所依循。

(1) 每天下班後，把當天你在開會中、與同事討論中、公司郵件中，有任何值得整理的素材，一條一條地寫在筆記本上，每次寫完一個題材，就要寫出幾個結論，然後畫一個圖表，一定要用這種整理知識的方法，不要寫成流水帳。

過去四十多年間，我一共寫了四十多本的筆記，每年寫一本，即使我做總裁及企業主時，還是照寫，一點一點的寫，內容非常工整，圖表也非常清楚。

(2) 當你聽完一場好的演講或講道，要很快在當時把演講重點寫下來，事後再花時間去用同樣的方式整理，一條一條以自己的思維寫下來，再做結論和畫圖表。

(3) 開會的時候，千萬不要帶電腦去做自己的事情，那是你學習跨部門知識最重要的時候，要仔細聆聽、要寫筆記（或在腦中寫），回去再花時間整理，尤其是有其他部門的人在發言，你要做筆記，不懂的地方就花時間去溝通和釐清，充分了解之後，再用上述獨立思考方式來做操練。

(4) 當你在看專業雜誌、公司的 E-mail、值得整理的資料，抑或是一篇好文章或好書時，都不能只讀而不做思考操練及整理，因為把獨立思考變成為生活的一部分以後，才能學習到位，並且成為一個能以邏輯力來說服別人的工作者。先前提過，一個經過操練的大腦，就如同一個好的搜尋引擎般好用，深盼每一位讀者都能藉著獨立思考，成為一個終身學習的人。

(5) 一般職人鍛鍊獨立思考的最佳時刻，是被指派當會議記錄時。絕大多數的會議記錄皆是枯燥、無趣的流水帳，幾乎無人願意閱讀；不過，倘若記錄者可綱舉目張地重整會議內容，不僅摘錄會議的重點，還另製圖表與關係圖，相信必讓所有與會者耳目一新，從此刮目相看。

(6) 欲速則不達，思考操練成功的關鍵在於「慢」和「堅持」，以及不斷地「操練、操練、再操練」。想要在同儕中脫穎而出，思考操練絕不可或缺，因其可：

──為問題找到解決方案

──為迷惑提供簡明的解釋

──當局勢渾沌不清時，可給予獨立的洞見

──當猶豫不決時可做出最穩妥、平衡的決定；堪稱邁向成功的第一門課

(7) 倘若可從童年、青少年時便開始練習獨立思考，自當

事半功倍。

　　父母可用孩子喜歡的方式，引導他們閱讀一些適合他們的文章，並引導他們一條一條寫下來，再做結論和畫圖表，從小就做獨立思考的操練。

【反思學習】

　　上述在日常生活中操練獨立思考的七點方針，哪幾點是你已經做到？哪幾點還有待學習補強？預期可能遇到的困難是什麼？

　　圖 9.6 主要是在呈現我在初入職場階段，即使只是設計部門的初級工程師，就開始做獨立思考的操練，不但用在本質工作的電路設計，也藉著跨部門會議的機會，擴張境界以了解其他部門的工作重點，並且認真做筆記，後來也是因為這個原因，我得到了無數次晉升的機會。

　　一步步爬上經理人的位置之後，我同樣會將觸角打開，關心的層面也變得更加高深；除了專業，還有管理和領導的精髓。一直到現在退休了，雖然關注的領域轉移到非職場的領域，但仍在透過做結論的方式來操練獨立思考，以學習新事物、吸收新觀念，也希望在分享自身的例子之後，能激勵更多讀者一起善用獨立思考，作為終身學習的法寶！

圖 9.6 獨立思考：終身學習的法寶

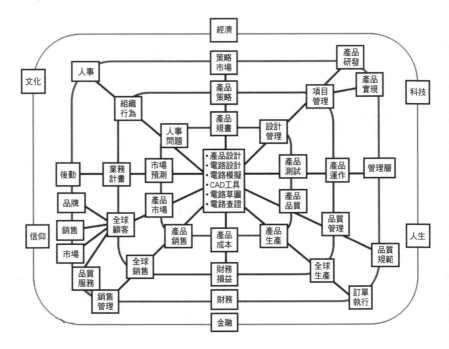

CHAPTER 10

——•——

靜的力量——
聽懂內心的聲音

　　如同第九章所提到的「神配對」——左手＋右手、左腳＋右腳、左腦＋右腦，其實還有一個配對也是出自於神的美好設計，那就是「動力＋靜力」。

　　神給我們動的力量也給我們靜的力量，而且結合動力和靜力，得出的結果便是「人生的軌跡」。這是一個很重要的觀點，因為多數人都覺得人生就是過日子，絲毫沒想過人生應該有個軌跡出來。

　　同時也有很多人誤以為，只有在「動」的狀態中，人生或事業才能夠得到應有的推進，以為成事在於「動」，卻沒有認知到，其實神還給了我們另一個成事的力量，那就是「靜」。

　　不妨就用開車到一個目的地來做比喻吧！動力像是一部只會前進的汽車，若是沒有適時的靜力予以減速、剎車、轉彎、倒退，車子能安全地帶我們到達目的地嗎？更何況，少了在靜中所得的啟示，汽車又要如何知道該前往的目的地呢？

很明顯的，這裡所說的汽車，指的是我們每個人的「人生」，目的地指的是「此生使命」，而前往目的地的路線，即是上述提及的「人生軌跡」。

想要循著人生軌跡找到最終的使命，不要只靠動的時候，讓外在那些看得見的東西來引導你做決定；更要靠靜的時候，讓內心那些看不見的，指引你人生或事業的下一步該怎麼走。

【觀念更新】

我們常被鼓勵要行動，卻很少被教導如何謀定而後動，在此筆者提出「動的力量＋靜的力量」等於人生軌跡，這個新觀點帶給你的啟發是？

聰明很重要，但智慧更可貴！聰明是解決眼前的問題，是一種理性思考，著眼於眼前的利益；智慧則是讓我們看到永恆的判斷，而且看得更遠、更深、更廣。兩者缺一不可，所以我們需要同時具備動的力量和靜的力量。在動中，我們學會聰明；在靜中，我們體會到智慧。

正所謂「謀靜而後動」，我們若是能把在靜中支取到的智慧，一步一步化為實際的行動策略，結果將會如同圖 10.1 呈現的那般，活出一個動靜皆宜、以神為中心的人生。

我用地球和太陽之間的相互作用來做一個比喻。地球是一個行星，照理說是會一直往前走的，因此若是少了與太陽之間的靜態引力，便無法走出一條規律而安全的軌道。

圖 10.1 「動力」+「靜力」= 人生軌跡

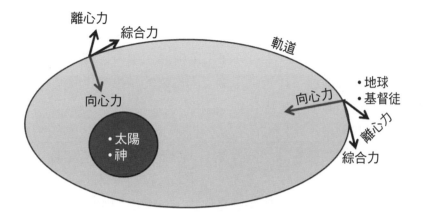

- **離心力—努力（動力）**
  - 屬世能力
  - 理性思維
  - 世界中心

- **向心力—信心（靜力）**
  - 屬靈能力
  - 超理性思維
  - 神為中心

　　這就如同基督徒（地球）的生命若是少了神（太陽）作為內在依歸，一樣也會因為失去生命軌道而越走越偏。那種走偏了的感覺，很令人無助也很令人恐懼，甚至會終日惶惶不安。

【反思學習】

你曾經感受過「靜力」的作用嗎？在你人生中，你要如何走出一條規律而安全的軌道？

我是如何開始做靜力操練？

如同當初所以會認知到自己的人生目的（第七章）和真實身份（第八章），都是因為在創業中遇到很多困難，藉著《聖經》真理的啟發，以及與聖靈互動出來的結果。也就是說，我開始「操練靜力」是因為創業困境。

當我發現，用以前的方法及世界上的做法都沒有辦法扭轉頹勢時，才開始嘗試逆向操作——轉動為靜。但老實說，起初我也是先透過「動」的方式，希望能像以前一樣，兩、三招就突破眼前的困境，但偏偏就是沒轍，神藉由聖靈的指引，就是要叫我「靜下來」。

那時候我常常感覺內心不平安，原因是常常會碰到原本計畫好的事情，客戶卻臨時變卦，或者是已經做好東西給客戶，對方卻沒依約支付費用，永遠都是在現金流和不確定中間擺盪，以至於我非常渴望內心有平安。

因著這樣的渴求，我開始從《聖經》及《荒漠甘泉》中尋求答案，居然發現其中有許多靜中得平安的經文及內容，也因此才開始操練靜力。

當我藉由靜默讓生命回轉到神的面前時，即使外在面對的還是相同的經營困境，內在卻已經不再那麼不安。聖靈的啟發讓我明白到一切早已在神的手中，我只要穩穩地行在軌道上，跟隨祂的帶領即可。當然，不可能完全沒有情緒，但至少比以前好很多。

而且真的要靜下來，才有機會聽見並進而聽懂內心的聲音。姑且不論是個人的沒自信，還是想逃避內在良心的控訴，

平心而論，現代人想找個機會安靜還真是不太容易。

　　一來是，人們對於物質世界的沉淪和著迷，讓心思意念在不知不覺中被貪婪和情欲綁架；二來是，因著科技的發達，只要行動電話在手，要不就講電話、上社交軟體，再不就是拿來追劇或聽音樂，如何靜得下心？偏偏，內心的聲音通常是渺小微弱，不安靜下來便永遠聽不見。

　　內心的聲音就是對你最真實的指引，若你執意且誠心地去求問，就會聽到神默默地在跟你說話。我們要如何才能聽到內心的聲音？聽見內心聲音的首要之務，就是先製造一個環境，讓深藏內心的聖靈對你的心說話。至於要如何製造那樣的環境，關鍵在於靜下來，因為《聖經》中也教導我們在靜中方能見神的真理。

　　可能會有人問，真的有所謂的內心聲音嗎？答案當然是肯定的！每個人都有內心聲音，尤其當我們還是個孩子時，內心的聲音尤其清晰，我們也會照著內心聲音去行，才會經常處於心歡喜、靈快樂的狀態。《聖經》中也說，若是不回轉像小孩就不能進天國，說的就是這道理。

　　是什麼讓我們跟內心聲音失去了連結？

　　關鍵是，成長過程接收到環境中的其他聲音——父母的、親友的、媒體的、陌生人的——這些帶有經驗的聲音，導致內心聲音開始被攪亂。

　　也就是說，上學之後我們開始外求於各種知識，也越來越讓我們向外看而不向內看。即使良心提醒應該誠實，我們卻不見得願意照做，因為有些大人或社會現實教導我們，笨蛋才會去做讓自己吃虧的事。總之，因著一次次的自我質疑，我們逐

漸忽略內心聲音，導致其越來越微弱，微弱到再也聽不見，然後我們就此度過平凡的一生。

這樣的生命景況，其實是與真理教導相違背的。內心的聲音之所以重要，是因為那是最真實的指引，而且往往不帶任何私意，它唯一的意圖就是協助我們，把最好的一面展現出來，活出生命的精彩。

內心的聲音也可稱之為「良心」、「天良」。大家不妨回想一下，有哪一次我們遵照內心的聲音去做以後，結果卻令我們痛苦不堪？或者有哪一次因為跟著內心聲音的指引，反而顯示出自己不優的一面？即使有，那也是神藉內心聲音的指示，目的在於鍛鍊我們的心智和品格，因此最終還是於我們有益。

也就是說，即使有時候按照內心的聲音去做，短期之內可能會吃虧，因為變得敢去做以前不敢做的事情，或是願意去做以前不願意做的事情，不再凡事以自身的利益為優先，品格就會越來越好，若你是基督徒，靈命也會因此增長。

長年忽略內心聲音的結果，反而會使我們感到迷失和痛楚。我們都知道身體若是受了傷，生理機能自有其一定的修復能力，卻很少想到過，當我們的心靈或頭腦受傷（如罹患老年癡呆症、憂鬱症），其實神也給了我們一個療癒頭腦和心靈的方法。此一方法就是靜下來——在靜中修復，因此我們務必要盡一切的努力，找回聆聽內心聲音的能力。

「活著有平安」一直是我最大的渴望。這就是我要的人生！每當我領受到平安時，便會更加熱切地喜愛生活；反之，沒有這份平安，我會覺得人生根本是在做苦工，何苦來哉？

　　也因為我曾實際品嘗過這平安，發現那是人生所能經歷的最美好的愉悅——它提高了所有感官的靈敏度，也增強了所有生活中的快樂強度——我才會一而再、再而三的在本書中，強調內心平安的重要，以及教導所有可能達到這個境界的方法。靜力，便是其一。

　　而且當你的「靜力」操練到一個程度以後，不但可以讓你在靜的時候領受到平安，動的時候或是遇到波動，反應也會比他人更加沉著，而這就是所謂內心更強大的人。

【情境體驗】

當你在工作上遇到很大的困難，你可曾轉而從信仰中去找答案嗎？為什麼？

從《聖經》中得到「操練靜力」的啟發

　　對於靜力的操練，最早是從《聖經》中得到啟發的。當時第一個看到的就是〈詩篇〉46 篇 10 節：「你們要休息，要知道我是神」（Be still, and know that I am God），這告訴我們，靜力的源頭在於神，也明確指出了「靜中見神」的道理。

　　第二個關於靜力的經文，是在〈出埃及記〉14 章 13-15 節說到，出埃及的以色列人遇到兩邊是大山、前面是大海、後面埃及的馬車在追他們的時候，神對摩西說，「不要懼怕，只管站住⋯⋯你們只管靜默，不要作聲，而且你們要往前走。」這

經文告訴我們，往前走（動）之前，要先站住、要靜默、不作聲（靜）。而且當以色列人如此做以後，一往前走，紅海就分開了，此亦明確指出「靜先動後」能夠觸發神蹟。

第三個讓我得到啟發的經文，是在〈以西結書〉1章24-25節說到，以西結在見到神的那一段話，「當活物站住、便將翅膀垂下，在他們頭以上的穹蒼之上有聲音。」我對這段經文的體會是，這些活物因為一直在動，所以就聽不見神的聲音，但是當他們一站住，站住是代表你的身體要停止活動，那翅膀垂下是什麼意思呢？就是代表說我們要停止思考、要靜默，方能在靜中聽到神的聲音。

綜合上述經文，便可歸納出支取靜力的三個朋友：

——靜止（stillness）：停止活動

——靜默（silence）：停止思考

——獨處（solitude）：專注於神

這些都是我從《聖經》裡學到的教導，當我們獨處的時候，靈才能專注在內住神的身上。知道這些以後，我就開始操練「靜力三友」。

底下就來說說靜力怎麼操練。

我是個早睡早起的人（morning person），既然要等候神跟我說話，當然要選在精神最好的時段，不然可能一靜下來就睡著了！我習慣在清晨五點左右，穿著寬鬆的衣服坐在一張椅子上，閉上眼睛、操練靜力，只將注意力放在神身上。

事實上，神本來就在我們的內心，只是被層層包裹著，因此需要刻意塑造一個環境，才有機會揭開這些層層包裹，讓神默默地對你的內心說話。以下是詳細的操練步驟，供大家參考：

STEP1：穿著寬鬆衣服，坐在舒適椅上，處在完全黑暗的房間。

STEP2：閉上眼睛，靜默 45 分鐘到 1 小時，過程中靜止不動、安靜不思想，也不要默想經文或禱告，也不聽詩歌。

STEP3：專心呼求神，直到內心完全平靜，在靜中讓神介入心念之中，不要自己思考，完全由神主導。

STEP4：依據神的啟示，採取必要行動。

有些人可能會覺得說，見神應該要穿著西裝筆挺；其實不用，因為《聖經》上也說過，神看的是人的內心、不是外表，而且寬鬆的衣服比較能夠讓我們放鬆。坐姿也是輕鬆就好，無須正襟危坐或跪下來，以免因為全身緊繃，注意力反而被身體的不適感帶走。

鼓勵大家盡量選在每天的第一個小時，把最珍貴的時間分別為聖、奉獻給神，相信神也必不輕看。早上起來另外一個好處是，天本來就是黑的（即使如此，我還是會把窗簾拉起來，讓整個房間都是暗的），假如房間有一點燈光，即使閉上眼睛，我們還是會感覺到眼皮外的光源，因而影響專注力。

上述四個步驟又以第四點尤其重要──千萬不要聽到神的指示之後卻不去行動，少了動力來進一步落實靜力的操練，最終還是成不了事！

整體來說，操練靜力最難的地方不僅在於身體要完全不動，還要做到自己不主動的思考，光是這一點就要練習很久。

我剛開始操練靜力時，也是靜下來十幾分鐘就突然被自己的想法帶走，或是開始去翻《聖經》，差不多要花三十分鐘，才能完全平靜下來。因此鼓勵大家，一開始練習就算做不到完

全平靜，也不要輕易放棄而開始自主思考，不然就失去「靜中
得力」的意義了。

　　而所謂的放棄，情況有兩種，第一種是內心聽到神說
話（靜）之後，卻不去做（動）；第二種放棄是，覺得一時練
不好就不做了，而且認為那麼美好的晨間時光，應該拿來做熟
悉的讀經禱告才對。其實，只要養成操練靜力的習慣，並且依
照神的指示去做，假以時日就會品嘗到鮮美的生命果實。

【情境體驗】

你要如何像筆者一樣，從信仰中細化找到具體法則應用在你的工作
和生活中？

　　由於有不少人對靜力有一些誤解，在此也特別說明一下，
那就是「靜力」既不是異夢也不是打坐，更不是瑜伽，用意也
不在於求特殊的靈恩，而是在全然安靜中，讓神為我們做如下
的開心手術：

　　(1) 聖靈責備：「我們若認自己的罪……洗淨我們一切的不
義。」（約壹 1:9）

　　當你進入完全的靜默當中時，內心浮現第一件讓你感到不
平靜的事情，就是聖靈在告訴你做錯了什麼。比方說，昨天有
什麼不好的想法或得罪了什麼人，這些事情馬上就會跳出來要
你認罪悔改，而且不能只悔而不改。有時候靜默結束，一回到
日常狀態，人難免會拖延該做的悔改行動，或是延遲應該道的

歉，這時候聖靈就會一直催逼，直到你去做了，心裡才會回歸平靜，因而靈命增長、品格提升。

　　這就如同每日在領受聖餐的道理。「領聖餐」真正的意義是讓神鑑察人心，但我們在教會領聖餐時，第一，每月一次，而且時間很短；第二，總是有別人在你旁邊。而靜的操練雖然沒有吃主的餅和喝主的杯，卻等同每天在領聖餐。

　　圖 10.2 就是在說，當我們越靜下來，聖靈就越會光照自己看得見的言行，以及看不見心思意念的罪惡有多大，因為這個原因，需要神赦罪的恩典就越大。若是信徒在教會聚會很久，卻常常感到內心不平安，或是做了很多敬虔的事，卻沒有成為敬虔的人，都是因為沒有好好與神做生命的連結。一旦願

圖 10.2 靜的力量：不斷改變的生命

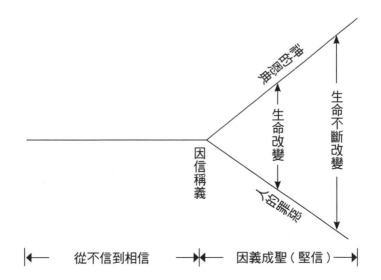

意靜下來認罪悔改，生命就改變了！

(2) **解決難題**：「你或向左，或向右，你必聽見後邊有聲音說，這是正路，要行在其間。」（賽 30:21）

透過靜默中的聖靈啟示，還能得著待人處世的智慧。當我們選擇與神合作，聖靈就會教導我們，如何將難題用「對」的方式做「好」的三個原則，就是要不欺騙、不自私、不驕傲地去做，而且聖靈指導的這些方式，一定能幫助我們品格變好；聖靈的同在也有助於我們培養膽識，讓我們更敢去做難的事、不願意做的事，或是令自己害怕恐懼的事，其原則就是只管去做「該做」的事，將「結果」交給神。

(3) **理清思路**：「你求告我，我就應允你，並將你所不知道，又大又難的事，指示你。」（耶 33:3）

與神對話的過程中，還能從神支取能力、資訊，以面對每一個今天。我們也能向神求得方向：(A) 工作判斷、(B) 人生迷茫、(C) 解經教導──聖靈的啟發與亮光、(D) 去做對的事、重要的事──往往是和世界理性思維相反的事。

(4) **凡事謝恩**：「清心的人有福了！因為他們必得見神。」（太 5:8）

我常常會在準備做一件事情之前，在靜中印證做這件事情，究竟是神的旨意還是人的意思？若是不確定，我就不去做，但會將此事記在心中。過了一陣子，當神藉著我所接觸的人事物，感動我說這件事可以去做了，這時我就非常高興地向神謝恩。

(5) **聖靈禁止**：「聖靈既然禁止他們在亞西亞講道，他們就經過弗呂家，加拉太一帶地方，到了每西亞的邊界，他們想要

往庇推尼去，耶穌的靈卻不許。」（徒 16：6-7）

　　與神同工的過程當中，雖然要有敏銳的靈跟隨神的帶領，但也不是什麼事都不做；有時在靜中的感動要先去做些行動，然後注意神的回應，藉著周遭人事物所傳達的資訊來印證神的心意，保持靈性覺醒。順服確實可以治好我們過剩的自我及驕傲，因為那是我們成長的最大障礙。

　　我發現到，經過上述的靜力操練，每天在吃早餐之前，當天工作就已經有 75% 做完了，因為罪已得赦免，而且方向、疑惑、做法都得解決之道（靜力），接下來只需要去執行就即可（動力），所以靜力的操練絕非浪費時間！

　　我也知道，這些話講起來容易，操練起來卻很難，因為不習慣的人會東動一下、西動一下，如同我一開始也不習慣，但鼓勵大家無須感到灰心，只要持續操練下去就會養成習慣。尤其是，當我們碰到定義時刻，若是能「以靜代動」，反而更有機會突破困境、彎道超車（圖 10.3）。

【反思學習】

　　請分享你將如何透過信仰，把靜力化為突破困境的實際的行動？

「靜力」操練的兩個階段

　　操練靜力的好處，除了可以獲得內心的平安，還能取得「理性的靜中求專」和「超理性的靜中蛻變」之效。

圖 10.3 定義時刻─選擇靜力─做到動力（由內至外）

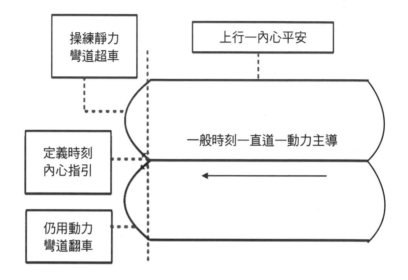

(1) 理性：靜中求專（mindfulness）

在靜默中訓練心念專注於當下，馴服經常神遊的大腦，不讓自己漂流到過去及未來，此舉具有除去腦中疑慮、混亂、健忘的功能。

哈佛大學曾在 2010 年發表一項研究顯示，一般人每天花47% 的時間在想著無關緊要的事，經過正念（mindfulness，簡單來說，就是專注於當下）訓練的人因為極致專注力，使得他們在做任何事情上面，都表現得比一般人更好。

另一項最新研究則進一步指出，訓練正念就等於是在訓練大腦在高壓力下的復原力。其提出的證據是，曾經受過正念訓練的陸戰隊及運動員，比起沒有受過訓練的隊員，在出任務中

碰到壓力事件時，情緒波動不只較小，心跳和呼吸也更快地回復到正常水準。

(2) 超理性：靜中蛻變（transformation）

在靜的潛移默化當中，因為是神主導，因而得以昇華人性、淨化品格，以邁向真、善、美的神性境界。

如先前所言，長期操練靜力可以改變人腦的結構及功能，越擅長靜力操練者，其頭腦越能從壓力中儘快復原到平常水準；也因為有聖靈的啟發，在靜默的過程中，我們腦海中的憤怒、恐懼、焦慮、抑鬱情緒，也會逐一轉變為善良、仁慈、愛心的行動。

這樣的改變不僅止於在靜默的時刻，還能夠延伸到動的時段，永久改變我們情緒的基本水準，也永久提升了我們的復原力。況且，真正的內心平安，不是指在靜下來的這段時間平安，還包含在動的時候，即使別人來攪擾你，也能很快回到內在中心，那才是真平安的內心強大者。

【反思學習】

在操練靜力的過程中，你要如何調整內在情緒的變化？

靜中得力的關鍵在於「與神連結」

有回演講結束，一位職場成功人士搶著要送我去機場，趁著往機場的這段路上，他主動談起了自身的景況。

■與神連結，靈性增長

一上車他就說：「孔老師真謝謝你這幾天的講座，都說到我心裡去了，大家看到的我在工作及信仰上都一帆風順、家庭也美滿。我的公司也正在朝三個非高科技領域快速發展，但我對自己的未來是不清楚的，有時甚至惶恐；說白了，幾方面我都陷入瓶頸。在工作上每天忙東忙西，但至終找不到我工作的意義是什麼？教會裡做的事很多，但自己知道靈性難以增長，究竟我存在世上的目的及價值如何衡量？聽了你的分享感觸很多，但一時又理不出頭緒，你能了解我在說什麼嗎？」

我問：「你有試著與神在一起時，讓祂帶領你度過這些難關嗎？」他告訴我：「我每天讀經、禱告時都求與神同在的。」

■與神連結，神來主導

我進一步向他釐清：「在這類靈修活動中，是你的意識或頭腦在做主導，是你在定會議的議程及內容，你是供應者神是接受者，所以你是主角神是配角。你是否試過將角色互換，讓神來定議程及內容，讓神是供應者你是接受者，神是主角你是配角，因為神比你更了解你的實際狀況及需要。」

「這角色的互換，真有如此重大的不同嗎？我又如何來做這調整？」針對他的疑惑，我的解釋是說：「你要學會全然靜默，在靜寂的環境中，你內心的神方會給你亮光，世界上的人都以為成事在動中而不知靜（得方向、想清楚）……你每天能有一段精神最好的時間給神嗎？」

「時間是有，必須要精神最好的時間？睡前行嗎？如何來做呢？」

■與神連結，獻上至好

「神說過尊敬我的我必尊敬，若你肯將自己最寶貴的一段時間獻出來與神在一起，讓祂單方面地主導說話，祂必定不會讓你失望的。在我創業經歷五年五連敗後，在重大壓力下內心極度不平安，為得平安而開始做靜力操練……只有在全然安靜中，神才開始輕柔地對我說話。許多上過此課的人，在沒有完全靜默前就急著自主去找神說話，以至學不成。記住！要在完全靜默中讓神來找你。」接下來，我就一步一步教他操練靜力的步驟。

■與神連結，對象是神

聽完步驟之後，他又問：「這跟打坐、瑜伽、冥想有何不同？這又跟靈恩有何不同呢？」

「這點的釐清很重要！」我強調：「靜力操練的對象是神，結果也來自神，而打坐、瑜伽等的操練的對象是自己，結果也來自自己。至於靈恩操練的專注，是刻意地去追求一些外在看得見、摸得著的能力，像是說方言、醫病、趕鬼、看異象等。我相信神確實因實際需要，在特定的時間、特定的地點，賜給特定的人這方面的能力，但不是人人都能有的，我沒有任何靈恩的能力也不刻意追求這些。若我們相信神就在每個信徒的內心，而靜力的操練是製造出一個靜的環境，讓神自然地顯現出來，這應該是比較容易了解的觀念。」

■與神連結，全人更新

「當人完全平靜後，神的顯現有何步驟？又對人有何益處？」他又問。

我回答：「在靜中完全平安後，在你內心的神會默默地提

醒並啟發你：(1) 未悔改的罪、(2) 未解決的難題、(3) 不清楚的方向、(4) 未謝過的恩、(5) 未清楚的旨意。至於對人的益處，則是全面性的身、心、靈都得更新，絕對沒有任何事情比花時間與神在一起更重要的了，只有那些時光才能讓我們一直擁有柔軟的心，而且它能引導我們、調和我們，在我們生活及生命培養出成長的因子。」

【情境體驗】

若你像案例中的主人翁一樣，雖然家庭和工作（事業）都很順利，內心卻感到空虛，也無法從例行的信仰聚會中得到答案，你會尋求什麼幫助？

與神獨處，是靈性增長最重要的一環

在美國一份屬靈的刊物上，列舉出訪問成熟基督徒關於靈性增長問題的結果，在此我將調查發現列舉成圖表。身為成熟基督徒的我們，靈性想要得到真正的增長，不能只單靠讀經禱告，而是要像圖 10.4，懂得平均分配這五種活動的時間，拉近與神之間的關係。

(1) **與神獨處**：這個環節是專門寫給屬靈生命成熟的基督徒，也就是那些在教會很久，該懂的都懂了，該做的都做過了，已經很難透過一成不變的教會活動得到靈命增長的人。這時候最需要的就是跟神獨處，讓神親自來做教練。

圖 10.4 靈命成熟信徒：屬靈成長激發要素

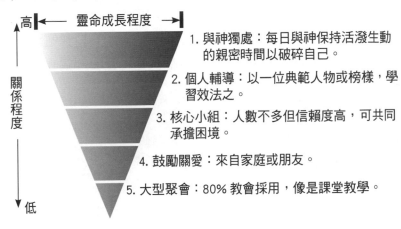

高←—— 靈命成長程度 ——→

關係程度

1. 與神獨處：每日與神保持活潑生動的親密時間以破碎自己。
2. 個人輔導：以一位典範人物或榜樣，學習效法之。
3. 核心小組：人數不多但信賴度高，可共同承擔困境。
4. 鼓勵關愛：來自家庭或朋友。
5. 大型聚會：80% 教會採用，像是課堂教學。

低

在靜默當中聆聽神的話語，就是與神獨處那個層次的內涵。當我們藉由這個過程不斷交出自我，並將自己的日子、心思和行動全然獻給神，就會發現所賜的聖靈必會以智慧和能力牽引我們。

(2) **個人輔導**：類似我在做的一對一輔導，但又不僅限於這樣的形式。悟性強一點的基督徒，其實可以透過勤於查考《聖經》的方式，以歷代的信心偉人為典範，從他們的苦難經歷得安慰，也向他們學習如何突破困境。

(3) **核心小組**：類似教會現行的小組聚會，其推行重點不在於成員的多寡，而是彼此之間的信任度和契合度，以便成為彼此的支持系統。

(4) **鼓勵關愛**：來自家庭或朋友的關愛。

(5) **大型聚會**：聚會時教友們的互相支持，對於個人靈命的增長亦是不可或缺。

整體來說，目前教會花時間最多的地方是在第 4（鼓勵關愛）跟第 5（大型聚會），這對未信或初信的人可能是有效的靈命增長方法，但對於靈命相對成熟的基督徒，教會還是必須要有特別而專注的管道來幫助這些基督徒，在與神獨處中靈性持續增長。

我們來思考一下：「為什麼人會吵架？而且吵架的時候都要提高音量？」

原因是兩個本來關係很親密的人，因為有了「心的距離」，心遠了以後想透過吼叫把對方的心叫回來。當我們關係非常好，心是在一起的，只要一個眼神或一個動作，對方都能夠完全理解，此便是「無聲勝有聲」的意思。

我們跟神的關係也是這樣，如果能親密到無聲勝有聲的話，那就是我所說的靜力，而下列這兩段經文，就是最好的詮釋。

〈約翰福音〉15 章 5 節：「我是葡萄樹，你們是枝子。常在我裡面的，我也常在他裡面，這人就多結果子；因為離了我，你們就不能做甚麼。」

〈以賽亞書〉30 章 15 節：「主耶和華以色列的聖者曾如此說：你們得救在乎歸回安息；你們得力在乎平靜安穩；你們竟自不肯。」

【反思學習】

筆者列出的五大屬靈成長的激發要素中，目前哪一項占據你信仰生活的比例最多？依照比例，排列順序為何？

外一章

———•———

導師班的心聲

　　在本書第八章中我提到職場導師班。以下這些文章就是我導師班部分學員的文章，依開班次序，分別為上海、北京、台灣、北美地區的學員。當他們知道這本書特別是為職場的新鮮人，或初入職場幾年的年輕人寫就的書時，非常感動，除了羨慕年輕的讀者有這份福氣，也更希望為這份福氣現身說法，讓本書因為心傳心而發揮影響力。希望這 21 篇的分享，能讓讀者得到薪傳的力量。惟在他們下筆前，我刻意沒給新書的書稿，也不告知書名，為的是操練他們面對未知時，學會自己「導公式」的本事。

倪文海

迦美信芯通訊技術有限公司董事長

2021 年 11 月 7 日寫於上海浦東

　　孔老師在過去的幾年時間裡，出了三本得力的著作：《贏在扭轉力》、《第一與唯一》和《雙職事奉》。我姑且把這幾本書都稱作為贏在扭轉力系列叢書：第一本書《贏在扭轉力》所講的重點是工作當中的扭轉力，強調的是如何把工作做好；第二本書《第一與唯一》所講的重點是生命的扭轉力，從找到每個人的特色和唯一開始，加以訓練和實操做到第一，完成使命，以正面回應造物主之目的，榮神益人。第三本書《雙職事奉》正好是以上面兩本書為基礎，深入淺出地去分析和展示了《聖經》中十六位人物，點亮他們如何在工作中，在他們的時代，在他們各自的崗位上，活出鮮活的見證，以古喻今，重點是鼓勵大家如何雙職事奉全能的上帝。

　　第二和第三本書，我有幸成為熱烈推薦叢書的一位寫序人，讓我感受到孔老師的信任。說實話這次孔老師加大了難度，要出的這本新書連名字都還沒有取好，更不用說通常是書的內容已經寫好，邀請人為它作序。此時此景，宛如〈但以理書〉中所描寫的，連尼布甲尼撒的夢都不知內容，何來解夢？一時間也不知所措。我最崇尚戴德生的內在信心生活，不去刨根問底地打電話給老師，而是一直禱告有從上頭來的感動，有新意為此新書寫序。

　　實操或許是比被動讀書學得更有效的辦法。2021 年 10 月 21 日，我恰巧是被安排到這個學期《雙職事奉》的最後一課，

也就是第八位《聖經》人物，最強的王國建立者大衛。我在梳理我自己助教案例時，猛然發現我的人生到今天的軌跡，有太多跟大衛王相似的地方。再次申明，這個絕不是高抬自己是王一樣的高貴，而是借古喻今，正好詮釋了《聖經》是活的聖經，耶和華神是大衛的神，也是我們的神，是昔在、今在、以後永在的神。

　　我們看人在原生家庭的地位。大衛生于以色列的伯利恆，是耶西的第八個兒子，也是最小的兒子。大衛沒有被父親看上（撒上 16:11），又因為身材矮小被大哥以利押嫌棄（撒上 17:28）。我呢，不同的時空，不同的地點。我生於中國的杭州，我是父親倪鐵奇的第五個小孩，是最小的兒子，迫于六十年代大陸困苦的生活條件，差一點被打胎掉，身材也是矮小。

　　看人的特質及愛好。大衛青年時善於彈琴，被召到基比亞的宮中，為掃羅彈琴驅魔，邊牧羊邊彈琴，喜歡作詩常與神交通。我自己讀大學期間，業餘愛好西班牙古典吉他，後來出國留學到加勒比海的波多黎各，有機會學會了西班牙語，又把琴藝有了稍高的提升，感謝主後來把吉他用於在教會的敬拜當中，才覺得是一個真正好的業餘愛好。不得不說當今藉著智能手機，藉著 TWS（True Wireless Stereo）高保真無線藍牙耳機，音樂和詩歌是我在艱難創業路上最好的夥伴，學習與神同行、安靜、獨處和與神交通。

　　看家族出身。現在我更能理解《聖經》這句話：「他使人貧窮，也使人富足，使人卑微，也使人高貴。他從灰塵裡抬舉貧寒人，從糞堆中提拔窮乏人，使他們與王子同坐，得著榮

耀的座位。」（撒上 2:7-8）按老師的扭轉五力視角，大衛是十足輸在起點的鄉下人。他是草根出身。十七歲牧羊童大衛，被撒母耳恩膏立為王，走了很長的曠野之路，三十七歲才成為最強全以色列國王。我呢，是個十足杭州郊區的畜牧業職工子弟，是糞堆中被提拔出來的窮乏人。就像許許多多大陸學人一樣，本著萬般皆下品，惟有讀書高的信念，在上世紀八十年代末出國留學，2004 年實現了許多人夢寐以求的五子登科的美國夢。就是因為在教會服事的感動，蒙召帶領妻子和五歲的兒子回國邊創業邊服事。2005 年被一位牧師恩膏，再次堅定在大陸雙職事奉的信心。我是中科大班上最早出國留學的同學之一，好奇妙，也是最早回國創業，為國效力的同學。中科大校訓：「紅專並進，理實交融」，與我現在跟孔老師學習扭轉五力，學習《聖經》，指導創業，從實踐中來，到實踐中去，形成交相輝映的呼聲。

我很有幸成為孔毅先生的學生。孔老師的用意，就是他想把他的經驗，職業生涯的得著，生命的改變，以及依靠上帝最後取勝的人生，寫成書能夠代代相傳給我們這些年輕一些的朋友們。並且更進一步，就是讓我們這些學生，學會和教會，甚至以後我們也可以去講。所以我就特別關注他的著作。我非常讚賞和認同他的兩個觀點，更確切一點講是兩個要素：第一，我們活動的出發點，就是有從上頭來的感動去幫助基督徒在其專業領域成功，不要羞辱主的名；第二，在職場的這個高壓鍋的真實熬煉中，不要逃避現實，去認真學習讀經，學習禱告，學習靜的力量，依靠上帝的大能大力最後取勝。

我二十三歲就信主，一直喜歡讀《聖經》，所以相對來講，

我的牆內服事是我的強項。但是我的短板特別明顯，就是牆外的服事。具體來說自己深受傳統教會聖俗論的影響，我以前工作雖然盡力了，但是沒有全力以赴。孔老師是我的貴人，所以我在孔老師《第一與唯一》的那本書的序中寫道：他是我的良師益友，他是職場人的引導者，痛苦人的安慰者。我一直在向他學習。好奇妙我也不需要去上 MBA 課程，這幾年來從老師這裡學習到的「關鍵時刻」、「區分原則」、「木桶原理」、「心靈陽台理論」、「利他就是利己」及「合作但不妥協」等諸多理論，補足了我的創業短板。

我畫過自己扭轉五力的雷達圖，是個量化五力和監控自己在眼力、動力、魄力、魅力及德力全方位的提升的好工具。我的進步也是有目共睹：在中美貿易摩擦，手機 5G 通訊概念及新冠疫情的這幾次的大拐點上，我和太太所創立的迦美信芯都捕捉到了機會。光過去的一年就成功融資了三億人民幣，而且迦美信芯被國際著名機構評為新秀類，已經有相當市場分額的最有潛力的大陸智慧手機射頻晶片公司之一。

2020 年疫情期間，有一天我聽孔老師講課，看到一張「一帶一路」的圖片，如今看到阿富汗新聞，我心裡很有感觸。主啊，什麼時候可以去到一帶一路上去做生意，有機會接觸那些「未得之民」。商道或許是阿富汗政府最歡迎的一條路。今年七月我和太太也是冒著新冠疫情的不確定性，成功在歐洲的比利時建立了迦美歐洲研發中心。如今中國半導體設計行業正在處於「路漫漫其修遠兮，吾將上下而求索」的艱苦奮鬥階段，我就像是曠野和沙漠中的探險者，朝著心中的耶路撒冷前行。

是的，創業是艱苦的，但是有神同在就是天堂與樂趣。願神繼續恩膏和加添，願神賜福成就我被造的目的，就是完成祂的命定。

黃芃
蘇州美夢機器有限公司創辦人兼總經理
寫於 2021 年 10 月 4 日

大約 2009 年前後上海，週末在美珍姐的家中，第一次見到孔毅老師，圍著飯桌約七八人，聽他開講「贏在扭轉力」，印象中只記得扭轉五力的圖，第一課是眼力。聽了兩次，後遠赴深圳工作，沒有繼續。2018 年離職回滬，事業、健康、生命積累了許多的經歷，雖不敢稱「百戰歸來」，但下決心要「再讀書」，於是跟著孔老師系統學習，續九年前緣。

「因我們上帝憐憫的心腸，叫清晨的日光從高天臨到我們，要照亮坐在黑暗中死蔭裡的人，把我們的腳引到平安的路上。」（路加 1:78-79）

孔老師退休後定位於社會奉獻者，對照《聖經》的真理，反思、總結幾十年事業成就的奮鬥感悟、順逆榮辱的心路歷程、跟隨上帝的生命體驗，寫成《贏在扭轉力》、《第一與唯一》、《雙職事奉》三本書。不止于傳道授業解惑，更是言傳身教奉獻，孔老師的生命之光，照亮在黑暗中尋求的我們，引導學生走上神祝福的正道。

「你們的光也當這樣照在人前，叫他們看見你們的好行

為，便將榮耀歸給你們在天上的父。」（馬太 5:16）

從「我做你們看」到「你們做我看」，是老師一直對學生的期許。受此激勵，學生們不憚于學業不精、能力不夠，奮勇勉力前行，擔當課程主持助教、招聚讀書會研討、直播分享學習心得等等，效法老師的榜樣，竭力以自己的微光，去照進他人心中的黑暗。師生薪火相傳，必要榮神益人。

好的老師，引導學生走義路，生命煥發出真正的價值，無愧為學生的天使！先生之風，山高水長，雖不能至心嚮往之。欣聞老師新書付梓在即，思想三年教導，感懷萬千。聊聊數語，難以盡述感恩，學生惟有繼續努力，方不負所傳之道。

汪 勇
上海賜恩食品銷售有限公司董事長

我 16 歲前是留守兒童，17 歲輟學殺豬賣肉成為生意人，認識孔老師之後，孔老師教我先成為企業家，再成為雙職事奉的企業家。

我 1981 年 11 月生於安徽無為縣，一個農民兼殺豬匠的家庭。1992 年母親帶我信主，次年父母就去上海殺豬賣肉，我和兩個姐姐在家，一邊種田一邊讀書。1995 年，兩個姐姐初中畢業後也到上海幫父母賣豬肉，家裡就剩下我一個人留守。1997 年我與古惑仔混在一起，父母聽說後立即終止我上學，到上海隨他們殺豬賣肉。

我第一天到上海，看到父母是菜場裡幾十個賣肉攤位中的

一個，這樣等顧客的生意非常被動，於是我開始找上海的大飯店上門推銷豬肉，請他們的主要負責人吃飯、去夜總會、送禮等。十幾年下來，我成了上海著名的豬肉商人，並賺到了人生第一桶金。

2015 年，我厭倦自己為了達到目的不擇手段。這樣做不能幫自己出人頭地，更與我的信仰背道而馳，我禱告神為我開出路，並開始積極參加基督文化職場課。一次課間休息，我和一位弟兄說：「今天的課不能解決我工作和信仰的矛盾」，這位弟兄激動地告訴我：「過幾天，前摩托羅拉亞太區總裁孔毅老師來上課，他就是用他工作中與神合作的經驗來教基督徒，在工作中活出信仰。」

幾天後，我們如約在 100 多人的課堂上見到孔老師，同學們被要求每人用一句話做自我介紹，其他同學都是博士、碩士，我誠實地說：「我沒有文化、我是殺豬的，我想把豬肉賣到全國、做個樂善好施、榮神益人的人」。下午課程結束後，眾人開始陸續與孔老師道別，突然孔老師走到帶我去的弟兄面前，叫他把我留下來，參加晚上孔老師與五、六位粉絲同學的簡餐會，我「受寵若驚」到熱淚盈眶，由衷感恩神垂聽我的禱告。

簡餐會結束，我爭取到送孔老師去酒店的機會。路上我問孔老師，我和幾位同學有個疑問，同學們條件都比我好，您是出於什麼選我做您的學生？孔老師說：「因為中國農村有幾億像你這樣輸在起點的年輕人，我教你基於《聖經》原則把生意做得有成就，成為他們的好榜樣，今後你可以影響他們，以免他們成為地痞流氓為害社會，看看你在中國能起的作用有多大。」

「至於如何做經營管理，首先，你設計的商業模式要有利於供應商、客戶、員工，你的產品或服務要能解決行業的痛點。在落地執行上，選擇認同這件事的員工分工協作，培養員工持續成長、關心員工和他們家人、解決員工所需，提供客戶領先的商品，給供應商合理的利潤和尊重，這樣你就能成為企業家了。」

2019 年下半年，孔老師給我和同學們解讀了他第三本《雙職事奉》書，孔老師說從整本《聖經》看：「神給我們的使命是把工作做成雙職事奉的祭壇（例如：《聖經》中的約瑟做了埃及宰相，其實他在神國度的使命是以色列人的先導）。我們基督徒不只是要做許多敬虔的事，而是要做敬虔的人，做敬虔事的人不一定是敬虔人，敬虔的人一定會做敬虔的事。」這席話讓我醍醐灌頂，讓我重新規畫我的工作。

2020 年我思考神為什麼讓我從小到大與食材結下不解之緣？為什麼我從小是留守兒童？為什麼現在向企業客戶銷售食材遇到無法逾越的困難？我想起孔老師告訴我：「做企業一定要有核心競爭力產品——客戶想要、供應商可以賺到錢、員工願意參與的產品。」

我的客戶是市民，他們想吃原食材；供應商是農民，與其在城市中打小工，他們更想回老家工作、與家人團聚（因為農民工的孩子不能在城市高考，所以老婆在老家陪讀，夫妻分離十幾年，婚姻容易出問題，孩子缺少父愛和管教）。所以我創立的企業，也直接解決了農村留守兒童的困境。

國家提出鄉村振興，原生態農業大有可為，員工也有熱情參與。因此，我在城市開設原生態食材連鎖倉儲店，利用我在

上海幾十年的餐飲服務經驗告訴農民，生產上海市民喜歡的原生態食材，我幫農民將產品拉到上海倉儲店先加工，再線上線下銷售。

想到這裡，我更感恩神了，神在我還沒生下來時，就賦予了我一個神聖的使命，把我放在農業領域，用正向價值觀影響農民和市民，而且農業是中國互聯網唯一尚待改善的行業，這個機遇是中國千年難遇的。再次感恩神差遣孔老師，帶我走上雙職事奉的恩典之路。

常旌
森薩塔科技有限公司亞洲總裁

我們還是習慣叫孔老師 Roger。他是我們的大老闆，摩托羅拉個人通訊部亞太區總裁。我有幸在大學畢業不久，就在他的麾下美國團隊做工程師／專案經理。自從 Roger 上任以來，我們的亞洲手機業務在全球一片落後中異軍突起。在他的領導下，我們的業務增長了幾十倍，成了中國第一品牌。

我親身見證了《贏在扭轉力》中直搗黃龍、暗渡陳倉等案例。Roger 冷靜又堅韌，以獨特的戰略眼光，能不斷地給大家未來的方向（眼力），使我們的產品技術和戰略一直能夠引領市場。

作為一個華裔，他可以在美國總部、亞洲各國指揮這麼多本地人高效地執行（動力）；他推動包容個人尊重和多樣性文化，使大家充滿熱情積極合作向上（魅力／德力）；在多次關

鍵時刻，他都做了及時和正確的決策，使我們的個人終端業務在瞬息萬變又競爭激烈的市場中，不斷領先而且無法超越（魄力）。

回憶當時的團隊，真的是蒸蒸日上。雖然忙、但大家都充滿熱情並齊心協力高速地努力推進各項工作，而且不斷地取得成就。後來孔老師和我們都陸續離開摩托羅拉，這家企業也衰退了。但成千上萬、原為孔老師的下屬們，在我們個人的職場和人生，都走出了自己獨特的路，活出與眾不同的風采。這段經歷成為我們美好的回憶。

我 2004 年離開摩托羅拉回到中國。十多年後，意外地在上海見到了孔老師。看到他和以前大不一樣，更像一位諄諄長者，他從創業經歷後逐漸退出，成為社會貢獻者，離開了職場而全身心幫助／教導我們這樣在職場上面臨困難、有需要的人。

當時我在職場上經歷了變化，我在不惑之年經歷拐點，從一個 500 強公司副總裁的位置上離職，到了我目前的企業。和前個公司比，業務非常非常小，技術性很強，覺得很不適應，對職場和人生有些迷茫。

有幸開始參加老師《贏在扭轉力》的系統學習，和孔老師也多次一對一面談，並到我們公司來培訓我們的團隊。經過學習，我發現自己擅長的是眼力和魄力，短板是動力和魅力。同時，我學會了「操練獨立思考」，建立自己的嚴密邏輯性和整體性。這對我後來越來越複雜的管理幫助很大，例如：

(1) 不嫌業務小，職場／人生不設限，努力從小做到大，我們後來業務翻了近 10 倍。

(2) 不受制於環境，學習相關產業／技術趨勢／運營。並利用心靈陽台提升影響力，激勵團隊。同時藉著信心，積極主動地拓展業務／提升團隊運營。

(3) 更加深入實踐區分原則和木桶原理，在公司加大創新，有了我自己版本的暗渡陳倉和直搗黃龍。同時補強了我們能力／團隊的短板，為我們後來指數型的增長奠定了基石。

我們的業務持續高速增長，現在團隊／業務都很強大。衷心感謝孔老師的教導和關懷！在孔老師的幫助下，我也逐漸明白了工作的使命，學會了用對的方式和心態來做工作，我運用扭轉力的原則，在生活和其他方面也取得了進展。

這幾年跟著孔老師學習，對我的眼光、價值觀、品格也有很多影響。我常常在想：我們每一個人在職場／人生當中忙忙碌碌，我們處在不同的職位行業，讓我們每一天前行的動力是什麼？我們為什麼辛苦忙碌？既然工作是我們生活的主軸，那麼又為什麼而工作？我在美國和中國換過不同的職務／產業，創業也參與產業投資；這些職場的事業發展，帶來的滿足和喜悅似乎都是短暫的，因為我也時常困惑，這些和我人生又有什麼關係？如果不明白，就會感覺虛空。在孔老師的《第一和唯一》中，我找到了答案。

在孔老師的教導下，我開始明白了職場和人生中的價值和意義關係，明白了命定的意思：每個人都有自己的命定；原來工作的目的就是尋找自己的命定：每個人都有唯一，找到自己的唯一並在自己裡面做到第一。看看孔老師的職場經歷、心路歷程和學習這幾本書，我的工作觀（也就是工作的價值觀）逐漸被顛覆和改變，生命也有了變化：顛覆了只以世人成功自我

滿足的價值觀，而開始把職業作為自己的使命，不是只為自己的需求和野心而做事，而是通過職業看到永恆的價值。

做事的動機也開始轉變：中心從成功導向的副產品（名譽／地位／財富），轉向貢獻價值／實現夢想／尋求命定和意義，也不是單靠自己的力量，正面企圖心開始增加，更多地追求以利他之心利己。

我以前管理團隊時常常發火／宣洩負面情緒，經過學習提高了激勵力，從權威型向感召型轉變。我從過去事業上尋求第一的觀念，逐步轉向成更看重唯一，找到自己職場和人生的命定和唯一，利用上蒼賜予的才幹和機會，憑著信心完成又大又難的事，走在時代的前沿。 孔老師是這樣教導的，也是這樣行的。

我從入職場初期見到孔老師至今，已經二十多年了。孔老師一直像一盞明燈，不斷地照亮我和其他人，並引導著我們尋找生命中的北極星。我心中充滿了感恩，感恩上蒼能讓我有幸認識孔老師，同時扭轉我的職場和人生。

衷心感恩孔老師多年諄諄教誨和生命引導！祝願孔老師和他的新書，能夠繼續不斷地發光發亮，幫助更多的人找到自己的北極星。

高海燕
瓦爾納國際教育基金會創辦人兼總裁

孔毅老師是一位智者。

第一次遇到孔老師，是我在 2016 年深圳參加企業家會議時。當時聽眾 1500 多人，孔老師做「扭轉五力」的主題演講，當時我就感受到不同凡響。思維縝密、旁徵博引、邏輯扎實，是一個系統，而不只是幾句名言警句，是充滿著人生提煉和智慧。

我很喜歡孔老師的演講，會後也迫不及待地想找孔老師攀談請教。只是很可惜，找孔老師的人實在太多，圍了一圈人，我也只能與孔老師簡單聊幾句就被擠到一邊去了。

沒想到因緣際會，孔老師隨後到了北京，參加他的新書《贏在扭轉力》的簽售會，我有幸去他所住的酒店拜會。在酒店的咖啡廳裡，得以與孔老師詳談。我向孔老師詳細介紹了自己的經歷，現在的狀態，以及未來的計畫，孔老師給我提出很多有針對性、有價值的意見和建議。

與孔老師見面後，我就孔老師的談話要點做了回憶和文字記錄，這樣可以時不時回想和翻看，思考如何應用到自己的實際工作和生活中。拿到孔老師的新書後我也仔細閱讀，並寫了筆記和讀後感。在這一點，孔老師書中提到的「獨立思考」不謀而合，將知識如貨架一樣，擺放整齊，以後碰到問題才能觸類旁通、舉一反三。這也是我的一個體會：粗讀十本書不如精讀一本，吃透用足。這也是孔老師對職場朋友的建議：先專後博，自己根基先牢固了，再學其他領域，這樣進可攻退可守，職場之路才比較坦然，從容不迫，穩步向前。

後來，我也參加孔老師在北京組織的幾次活動，安排場地，擔任助教等，讓孔老師更加認識和了解我。更讓我驚喜的，是孔老師竟然選我作為北京職場導師班的第一批學員，讓

我可以與各地志同道合的朋友們一起學習和研討。孔老師門徒式的帶領，手把手傳授，言傳身教，以及提供平台，讓我與各地不同行業的同學們聚會聊天，通宵暢談，對我的視野拓展、思維訓練，幫助很大。

在那個時間，正好也是我人生中場的關鍵時刻。除了我在北京和上海兩地的企業，我 2012 年參與籌備、擔任執行理事的北京一所私立學校，也面臨關鍵抉擇。我和團隊一邊考察，同時運用扭轉五力的思考框架，不斷總結完善，確立了「超越美國本土，就讀多國校區」的教育理念，終於在 2019 年 9 月，正式在歐洲建立一所高品質的寄宿制高中學校——瓦爾納美國國際學校。這個學校，完全是孔老師所宣導三個理念「贏在扭轉力」、「第一和唯一」，以及「雙職事奉」的綜合實踐案例。

在整個過程中，孔老師給我的不僅僅是具體的建議和指導，而且甘願服侍學生，以其他人成長為滿足的牧者情懷，讓我尤為感動。

例如，在 2020 年 3 月份，學校雖初步成型，但仍有很多的不確定性和艱難。我猶豫是否公開孔老師擔任「瓦爾納美國國際學校」戰略發展顧問的事情。深怕一旦公開了，未來如果這個學校沒有做好，會否連累到孔老師？

有一次，在與孔老師交談時提到這個想法。孔老師沒有絲毫猶豫，很直接地答應了。他還鼓勵我說：「我非常認可你做的事情和方向，也非常理解這個學校的意義和價值，只要能對學校和孩子們有幫助，在神的榮耀面前，我個人的榮譽與得失，又算得了什麼呢。」這話到現在我仍記憶猶新，餘音繞耳，也激勵我不敢鬆懈，不願辜負孔老師，以及很多師長和同

學們的期望，唯有不忘使命，「忘記背後，努力面前，向著標杆直跑」。

孔老師的《贏在扭轉力》、《第一與唯一》，以及《雙職事奉》理念和實踐，有些道理看起來很樸實簡單，但都需要在現實中不斷琢磨、總結，以及扎實地實踐出來，才能更加感受到這些話語的威力和價值。

與孔老師這位智者同行，與導師班同學們一起成長，是我人生很幸運的事情。面對「X 倍數」發展的後疫情時代，我們面臨了更多的機遇，也充滿更多的挑戰，期待我們一起同行，做有價值的事情，成就精彩不悔的人生。

沈 力

北京華創方舟科技有限公司董事長

寫於 2021 年 10 月 3 日

「你們要先求他的國和他的義，這些東西都要加給你們了。」（馬太 6:33）

今年我已經創業 20 年了，在職場中經常直面人性的真實面孔：貪婪、欺騙、詭詐、姦淫、荒宴、醉酒、污穢、爭競、拜偶像、邪術、仇恨、忌恨、惱怒、結黨、紛爭等。我一方面要面對這諸般的罪惡，另一方面我又要按照耶穌的教導進窄門走窄路，努力實現仁愛、喜樂、和平、忍耐、恩慈、良善、信實、溫柔、節制。

作為一個在職場被呼召的罪人，神又讓我堅守我的職份，

因此，這裡面充滿了張力是不言而喻的。我在靈與肉，善與惡，聖與俗、貪婪與節制中不斷地掙扎煎熬，內心充滿了悔恨與自責，經常在教堂裡找到內心的寧靜與聖潔的感覺，一出教堂就被紛爭與罪所包圍。

　　自從跟隨孔老師學習，被他獨特的見解吸引，尤其是他對我們每個人的雙職事奉的理解，讓我豁然開朗，醍醐灌頂。在他的啟發下，我開始嘗試去理解自己在神國的使命及自己在世上職份的關係，這讓我開始思考「先求他的國和他的義」在我們每個人生命的詮釋的獨一性。

　　現在，我的理解是我在世上一生裡，承載了神的國獨特的任務，這個任務是我未出母腹之前神就放在了我的基因裡，並希望我去完成的任務。這個任務對我而言是獨一無二的，我的一生都是在圍繞著這個任務而延展開，我也需要用一生去探求並踐行這個獨一無二的真理。藉著一生的求索，我們也讓神的國降臨在我的身上，讓神的旨意行在我的身上、家裡及職場上如同行在天上。我們藉著與神同工，靠著神努力尋找自己的命定，並完成他賦予我的任務，成就他的義的時候，就是我們在世上成聖的時刻。

　　至於吃什麼、喝什麼、穿什麼，當我們逐漸清晰自己的使命，努力完成我們在世上任務的時候，這些東西神自然會賜給我們智慧和力量，我們必不缺乏。

　　當這個次序想清楚並建立習慣後，我發現原來很多的問題迎刃而解。外在的世界並沒有變化，而我內心發生了變化，我變得更需神，與祂更通暢的溝通，從祂那裡獲取更多力量，並不斷尋求理解神在我身上的使命。這需要我用一生去理解。

思考琦

吾優啟動創新思維創始人及私董教練

寫於 2021 年 11 月 2 日

自從 2019 年認識老師後,我就發現我的人生開始開掛且走上人生的上行之路,因為孔毅老師是難得的人生導師,他一直為我現在的人生和未來的人生指明著方向!

2019 年 4 月份,我開始讀老師的第一本書《贏在扭轉力》。讀完後驀然醒來,這不就是我最需要的書嗎?這裡面不僅僅有教我如何看待職場中的關鍵時刻,還教導我如何去定義這個關鍵時刻,更重要的是老師提供了強大的「扭轉五力」模型來說明我應對各種職場中的問題。就此,這個扭轉五力的支點,助我撬動了未來職業發展的上行之路。

2019 年 5 月份,因為發現老師的書是至寶,且底層價值觀讓我有敬畏之心。作為拆書家的我忍不住將其分享給更多年輕的朋友,老師也因此來到了我的拆書工作坊並給予高能的指導。那次,老師用自己的人生拐點和故事,幫助現場的小夥伴和我解讀了什麼是人生的關鍵時刻和定義時刻,並如何走上人生的螺旋式發展之路。這樣的生命故事解讀,第一,助力我們理解我們人生中的每一個拐點;第二,啟發我們開始重視分析當前的關鍵時刻;第三,引導我們開始設計未來的職業發展之路。

老師對我多次的一對一指導。不管是離開一家公司,還是做自由職業,亦或是進入一家新的公司,一般不超過三個問題的提問,老師就著實地解除了我的疑惑和擔憂,讓我的抉擇更堅定和更有盼望。對話過程中,老師還會幫助我學會獨立思

考，操練扭轉五力來進行理性、全面的分析，並為抉擇做好堅定的基石。

　　讀老師的書，總是一氣呵成，看前一章忍不住期待看下一章。因為老師用他人生中真實的職場點滴經歷，帶著我們去如何思考和定義關鍵時刻、如何借助五力實現贏在拐點、如何透過人生的目的去看待我們的現實面，並可以有力地在精神面做好部署並堅定行動。

　　每一個章節都有生動的案例、深刻地解剖，不管是職場小白，還是專業者、管理者、領導者亦或是教育者，都可以從中得到最切實的「思考之道」和「解決之法」，包括「行動之術」。所以，這些書也成為我人生中不可或缺的「寶典」，並願意在閱讀後將裡面老師的「智慧」分享給更多的人。

　　在我追尋內心的熱情時，老師就像一把利劍為我大大砍去阻擋我奔向「唯一」的樹枒；當我遇到壓力和挑戰時，老師就像一個先行者一樣為我「變出」法寶去應對「磨難」；當我在舒適圈停滯時，老師就像挑戰者讓我去找到工作的主軸；當我執念於「經驗」、身陷「黑暗之道」時，老師就是一束光，照亮了我生命中的黑暗……

　　老師在我心中是一位智者，是一位嚴格要求自己和他人，並有小孩子純真的認真、專注和簡樸的智者，更是一位集大成者。在我職業的大航海中，老師就像一盞指明燈時刻為我指明方向。

　　如果您也想找到您內心的熱愛，如果您也想追尋人生的使命並活出盼望，那麼來吧，跟著老師一起開啟唯一的人生，並第一的人生，也活出真實有信仰、平安和喜樂的一生。

陳鵬
某科技企業事業部總經理

第一次見到孔老師，是在 2018 年《贏在扭轉力》的北京讀書會上。經朋友介紹，帶著普通的學習心態來的。但剛聽了幾分鐘，就被老師所講解的內容深深地打動和吸引——這正是我在職場上真正需要的！

隨後，就開啟了向老師持續學習的歷程：只要老師來京講課，不論在哪裡，我都會到達聽課，直到有幸被老師選入第二屆導師班的學員，進入了更深的學習階段。

為何老師的課程內容會在第一次讀書會上就衝擊到我呢？我想與那時自己在工作上所處的狀態有關。

我是理工科出身，畢業後在一家企業從事產品技術開發工作。我作為專業開發團隊的負責人已經五六年了，由於團隊裡的幾位經理比較給力，基本上不需要我付出太多精力就能完成業績；甚至可以說，我每週只上三天班就能完成工作。

但這種狀態不是我想要的。我在這個崗位上已經多年了，卻不知道前方適合自己的路，到底在哪裡？雖然不少人很期待有這種舒適區狀態，但我的心中卻焦灼——我的下一步職業台階邁向哪裡？當我看到電影「至暗時刻」，感同身受，甚至流淚：我雖在工作的舒適區，卻處於職涯的至暗時刻。

然而，與我內心想迎接挑戰的期待相矛盾的是：我在遇到問題時，並不願去勇敢面對，也不能在解決問題過程中，持續有效地鼓勵自己。這使我不能按照內心的願望去探尋和努力。

感謝神，讓我遇見了孔老師，通過「扭轉五力」的學習，

我發現自己之前的主要瓶頸是「魅力」的缺失，這會影響我運用「魄力」在關鍵時刻的選擇。因為認識到了自己魅力問題，就在學習中不斷地操練自己去成長，使得身邊的人能夠看出我在遇到問題時，應對心態的改善。

另外非常重要的是，「扭轉五力」提升了我在工作方法上的缺乏。以往我很欠缺管理知識和工作上的方法，雖然相關書籍汗牛充棟，但我對這些非基督徒身份的作者充滿懷疑，不知道哪些是真正有效的道理、哪些是作者為了寫書立名而出版的。直到遇見孔老師，讓我在知識和方法上得以開竅，認識了「扭轉五力」的理念，並用獨立思考去分辨和學習（眼力）。

在跟隨老師學習一年後，我所在的企業收購了另一家企業的分公司，並讓我到這家分公司團隊做負責人，走上職涯新的平台。

然而，若是沒有向孔老師學習，我個人難以有真正的勇氣和信心（魄力）去接受這個新的挑戰，也很難鼓勵自己（魅力）及運用學習到的五力去帶領（眼力、動力）這個團隊，找到主營方向（眼力），並發展到一個較大的規模。

認識孔老師之前，我每隔一段時間就思考神曾經對我比較明確的呼召（牧養以及工作上的見證）。我認為很難兩者同時兼顧，或者就需要分階段來回應神在這兩方面的呼召——先工作、後脫產讀神學。

在跟隨孔老師學習後，我逐漸明晰了自己的服侍方向，解釋了以上的困惑，就是在職場上做見證並在期間操練「牧養工作上有疑惑的信徒」（眼力、德力）；這就能夠更好地回應神曾對我的呼召。

　　再者，孔老師的課程對於我在認識《聖經》核心人物方面有巨大的幫助。通過老師的三本書的課程學習，有豁然開朗的衝擊——《聖經》還可以這樣來讀！例如，關於約瑟，老師的授課將約瑟活化在我們面前——約瑟的一舉一動、約瑟的內心思潮、在職場和生命的關鍵時刻的每一個選擇及裝備到的能力，使我們看到一個煥然一新的職場見證的榜樣——他在幾千年前向我們招手。

　　回想自己剛向老師學習的階段，孔老師有一次在回酒店的路上給了我莫大的鼓勵，使我開始有更多的信心（魅力）在職場上作出更大的成績。當我處在孔老師所說的「關鍵時刻」，神讓我遇到了導師，向之學習並作出正確的選擇，使我可以走上上行之路。

　　與孔老師學習的收穫是非常豐富的，難以用以上的隻言片語表達完全，期待自己跟隨老師有更多的成長；而且，我更加期待越來越多的人藉著在老師的書籍和課程中的學習，生命得到改變，上帝的榮耀得到更大的彰顯！

傅 強
用友移動通信技術服務有限公司總裁
中國通信企業協會虛擬運營分會副會長委員

　　現在講職場方法論的書很多，但大多都是企業家「成功」後總結出來的。這類書籍對於普通職場群體來講，無外乎「雞湯」按摩，實際作用並不大。因為他們真正面對的問題和心路

歷程，未必會寫到書裡去。

很多弟兄姊妹一說到職場，就認為那是罪與惡匯集的地方。惡意競爭、行賄受賄、偷稅漏稅、虛開發票、利益爭奪、職位爭奪……，很多人性的惡都會在職場顯露出來。

大家在職場中小心謹慎，於是就出現了一個特有的群體「主日基督徒」。平日在職場備受煎熬而無能為力，週末就去教會群求心靈撫慰。我們從另一個角度來看，職場難道不就是最需要福音的地方嗎？耶穌來是為要救罪人的。

孔老師的三本書，將基督徒的職場觀、職場力、職場使命結合起來。現在的職場基督徒容易走兩個極端，要麼是主日基督徒，主日外，他在職場上與別人無二，鬥志昂揚；要麼是脫俗基督徒，與世無爭。我以前總想著「哪天不工作了，我也去當宣教士」，但職場不也是我們宣教的禾場麼？為什麼要等到不工作以後才宣教呢？而且，福音也不僅是放在嘴邊的，而是要行出來為世人做見證的。

通過這三本書的學習，我也嘗試在自己的工作中逐步去運用。這使我收益不淺，總結一下，我認為有以下三點認識：

第一，就是明確了工作目的性，在職場中盡心、盡性、盡意、盡力地愛主我的神，依靠神，榮耀神並以此為目標。

未信之前的我，跟大多數人一樣。對職場的理解就是靠自己努力，不斷提高自己的知識和能力水準，在工作中做出成績，讓自己不斷獲得成功，得到他人的認同。隨著學習的深入，我的職場觀也慢慢發生了變化。職場也是禾場，我們要在工作中依靠神。我們不能只有熱血，我們必須要有榮耀神所需要的能力和智慧。用「扭轉五力」來裝備自己，這樣當我們遇

到關鍵時刻時，我們有能力去應對。最後，我明白工作是榮耀神的事情，而不是彰顯自己。

第二，可能你的事業不會因此而更成功，但會讓你在事業遭遇困境時能夠應對，讓你的職場中有神的同在。

我們不應把這三本書作為事業成功之道，因為神不喜悅我們把事業成功作為偶像。但神會賜福愛主之人。雖然我暫時還沒有經歷事業成功的喜悅，但我確實經歷了在事業困境時神所賜下的平安。作為一個管理者，面對問題的時間總是比面對成功的時間要多很多，大多數中途放棄的人，也都是因為承受不了當時的困難。所以，困境中的平安給我極大的安慰，會讓我更加冷靜地思考和應對困難，同時也能讓我們持守真道而避免走彎路、走錯路。

第三，通過「行」在職場中做美好的見證。

很多人問：「我沒有什麼成功的經歷，如何為神做見證？」當然，在神的指導下獲得成功，是很好的見證。但並不是只有成功才是見證。我們的一個決定，對員工的每一句話，面對困難的態度，都可以是見證。我曾對一位不信主的同事講「扭轉五力」和「第一與唯一」，這位同事感到很驚奇，也表示很認同，這就是一個很好的見證啊。在教會中委身服侍被牧養的是基督徒的本份，那麼在職場中榮耀神，更是神所喜悅的。《雙職事奉》有的人可能會有誤解，會聯繫上「瑪門」。這裡面的「雙職」是在地上的職份，服侍的都是同一位神。

孔老師的這三本書特別適合中國職場基督徒學習和應用，讓神進入我們的生命，讓平安和喜樂充滿我們的生活，這不正是我們所需要所想的嗎？

期待孔老師的最新作品。

張泰然
三一教會主任牧師

21 世紀隨著資訊與科技的再進化，我們宣教的模式也在不斷地與時俱進。上帝呼召的宣教士，也隨著時代的需要有所不同，已經從年輕單身、學有專精、可塑性高，願意委身跟隨主的門徒；擴展到已婚、工作有成、歷經生命淬煉，願意委身跟隨主的門徒。

一般傳統「職場宣教」的觀念是：教會或福音機構，召聚基督徒辦職場專題講座、特會、培訓，目的是呼召更多的基督徒，進入職場傳福音。也有許多的教會和機構，鼓勵基督徒在工作場所的閒暇時間，開辦查經班、讀書會，認為這就是「雙職事奉」。

而從全職、帶職到雙職事奉，認知觀念的演進，也存在許多待探討定義的空間。例如：過去有許多人認為：「全職事奉」指的是蒙召，願意委身奉獻在教會（包括福音機構、宣教禾場）為主作工的基督徒。「帶職事奉」指的是在教會外，有一份賺錢養生的工作，只要有餘力，就盡心竭力地傳揚福音、為主作工的基督徒。所以，將全時間在教會內（福音機構、宣教禾場）服事的牧師、傳道人、長老、宣教士、秘書幹事等人，稱為全職事奉者。而在教會外工作，部分時間投入福音工作的基督徒，稱為帶職事奉者。

　　而孔老師所倡導的「雙職事奉」，不再是以服事主的地點或工作時間長短，來區分全職、帶職。也不是在教會或社會上工作，比較孰重孰輕、優先本末的區別。就像約瑟、但以理、尼希米等人，我們很難說他們只是帶職事奉，也很難將他們在世界的工作與在神國度裡的服事切割開來。而是，他們的工作就是他們的禾場，就是與神同在、與神同工。藉著他們的言行，見證了神的真實與能力，做到了使人「歸榮耀與神」的事奉。

　　進一步說明「雙職事奉」，就像以斯帖，她在波斯王宮貴為王后，是她的「工作位份」；而當她在禁食三天三夜、不吃不喝後，勇敢的挺身而出，拯救猶太人脫離了滅族之災，不自覺中完成了神賦予她的「國度使命」。而她服事的禾場，既不在聖殿、也不在會所，而是在王宮。

　　所謂「雙職事奉」並不是要我們區分誰是帶職、誰是全職的事奉；或是為福音的緣故打二份工，一份在教會（或福音機構），一份在社會。其實，基督徒只要信靠順服神的帶領，願意將其一生奉獻為主所用。無論在何時、何地，只要所做的工作，是遵行《聖經》的教導，帶著神國的使命，就是「雙職事奉」，也就是全人、全時間的事奉主，不需要區分誰是帶職、誰是全職了。

　　所以，本書作者孔毅老師先前寫了三本書——《贏在扭轉力》，是幫助我們在職場工作的不同階段，面對職涯關鍵時刻，運用扭轉五力，晉升到人生的上一個台階；《第一與唯一》是在生命中先找到自己的唯一，才能在自己的主場優勢上成為第一。而第三本書正是將工作與信仰兼容並蓄、相得益彰的

《雙職事奉》。藉著《聖經》中 16 位扭轉以色列歷史的人物，如上所述的約瑟、但以理、尼希米和以斯帖等人。讓我們看到，每位神的兒女在自己的「工作職位」上，照著神吩咐的真理，應用在工作和生活中，有美好的見證，彰顯了神的榮耀，就是完成了神給我們的「國度使命」。這也就是孔老師書中所定義的「雙職事奉」。

我個人在 2004 年被主差派到大陸一線城市，進入無牆教會、職場宣教的領域。進住在跨國際企業的生活園區，有來自近 20 個國家的高階經理人、工程師和上萬名的員工。另外，也接觸到從北美、東南亞、台灣到大陸的華商和台商。看到許多基督徒是企業老闆、高階經理人、學有專精的教授和受差派的宣教士，帶著福音使命，以專業宣教的方式而來。然而，有一些基督徒卻在職場上陷入爭名奪利、爭功諉過的紛爭；在公司、工廠或餐館積極熱情的開辦查經班，卻公私不分、財務不清；甚至有廠長級的主管，一面是團契的創辦人、一面是家暴者。

在即將滿 30 年在教會的牧會和到外地的宣教，深深感受 21 世紀的宣教，職場是一個極大的禾場。我們不只是在職場上傳福音領人歸主，把人帶進有牆的教會。更要把初信者栽培、造就成「凡主耶穌所吩咐我們的、都教訓他們遵守」的門徒。生命影響生命！唯有我們自己先遵行主的教訓、作主門徒，才能傳承帶出新的主耶穌的門徒，福音才能真正的往下扎根、向上結果，早日把福音傳遍天下，儆醒預備迎接主的再來。

與孔老師相識 12 年，我所敬佩的他，不只是透過著作和

教導，傳承他在基督裡領受的豐盛生命和工作經驗，也是他真實的在個人靈命更新、身心健康、家庭幸福和事業有成上，活出了福音的生活，為神做出美好的見證。他的一生是突破困境、開創新局的典範，透過他的著作，可以幫助我們找到改變一生的工作和生命的扭轉力，成為神國度的雙職事奉者。

黎 源 悅
新竹市基督教聯合關懷協會執行長
NGU 俱樂部創辦人

　　我是在 2015 年 8 月第一次見到孔毅老師。我的人生正面臨一個極大的風浪，我的兒子罹患神經纖維瘤，全身順著神經長腫瘤，特別在頸椎第二節到第五節的地方，因為腫瘤，是全身右半邊幾乎癱瘓。

　　當時，我們為新竹科學園區辦了一個人生講座，然而，氣象局發佈會有一個很大的颱風，所以園區放假，許多人都來參加講座。我是主辦人之一，因為這個理由而出席。

　　當晚孔老師在台上說：當你人生遇到風暴的時候，要正面迎擊，而非逃避。這句話當時直接打進我的心中，給我很大的幫助！

　　而後，我們全家人同心不放棄，經歷了奇蹟的五十天。我的孩子現在又跑又會跳了。

　　一個正確的人生態度，帶來多大的祝福！

　　2016 年，孔老師的課堂上，我聽見內心聲音的召喚，決

定把棒子交給年輕人，離開工作 21 年的非營利機構。當時我並不知道自己下一步要去做什麼。在與孔老師的一對一當中，他用區分原則來跟我討論。

讓我看見，我一直執志於想要得到新世代的渴望，哪些是我的短版？哪些是我的長處？我應該專注在哪個領域去發展？

上帝也非常地祝福我，我在人生的拐點，走上一個我從來沒有想過的道路。得到一個從未有的職位。也的確非常地適合我的特質。勇敢傾聽內心的聲音，使用魄力，使自己不拘泥原地踏步，領受上帝的祝福。

2017 年，孔老師的課程中，老師分享一個管理者，最終極的管理是管理改變。改變是塑造未來的要素，順趨勢是用理性、慣性思考。反趨勢是革命性的顛覆，在現有的趨勢軌道上，創造新的軌道，成為逆性思維的領導者。

我當時的感覺，就像一個雷打在我的頭上一樣，我一直希望能夠得到新世代，如果我繼續用原來的方法，在四面牆以內思考教會如何得到年輕世代，我們對於得到當代的今日市場，都尚且節節敗退，如何得到明日的下一代呢？

這個發現，讓我的工作有一個全新的方向，內心有一個創新的思維。這時候我才看懂，上帝給我一個地上連結的職位，可以成全我自己走到屬天國度的位份！

《聖經》上說：先求神的國和神的義，你所需要的一切，他都會加添給你。我實實在在地經歷上帝的祝福和作為！

人生找到自己的命定，找到自己不可取代的使命，不和別人比較，找到自己的位份，實在是最大的福分！我是上帝神

聖計畫的一部分，上帝樂意祝福我的夢想！這一路走來的旅程，充滿了驚喜和學習！

巴不得我們可以脫離原有文化帶來的牽絆，走進屬於真理的原則！拉高我們的眼光，看見造物者愛的計畫！期待展開書卷的你，也能找到屬於自己獨一無二最精彩的劇本！

陳志敏
台灣應材資深處長

「現今基督教會普遍面對的挑戰，就是信二代的流失、缺乏向穆斯林國家傳福音（10/40 之窗 / UPPG）的有效策略，以及教會對社會漸漸失去影響……。COVID-19 加速也擴大了這些困境。」孔毅老師感慨地對我們這些導師班的學員們說他這些年來的深刻觀察，更進一步說：「雙職事奉是普世基督徒參與大使命的出路」、「信徒要麼是宣教士，要麼是做宣教的事」這些話都深深地抓住我的心，我們很確定的一件事是「主再來的日子近了」。

我們處在一個關鍵時刻，人心充滿不安與恐懼，神的兒女們需要安靜思想：神透過這疫情要告訴我們什麼？我們如何與神對齊？教會是否可以典範轉移？我們的生活要如何調整？對重生得救的基督徒而言，我們信仰的本質是什麼？個人當如何回應大使命？什麼是我想用餘生來全力追求的？我的人生下半場，如何為主打美好的仗？

結識孔毅老師

時間回到 2015 年 8 月，經林本堅長老的介紹結識在半導體和資通訊產業的大老，也是交大傑出校友孔毅老師，隔年開始跟這位跨國企業總裁、創業家同時也是社會貢獻者的前輩一起投入職場宣教。透過老師第一本書《贏在扭轉力》有系統、循序漸進的架構，搭配案例分享舉辦許多場的職場講座和研習會。在教會幫助已經信主的基督徒可以藉著扭轉五力把工作做好，並且在關鍵時刻發揮扭轉五力而贏在拐點，在職場中為主作見證，榮神益人。因為自己本身也在半導體產業服務，使用老師的贏在扭轉力教材在公司帶領讀書會也收到不錯的成效，看到我們團隊的扭轉五力不斷地在提升，表現在專業能力、解決問題的能力、工作態度和視野等各個方面，還有與客戶和公司創造了雙贏的成績。

2017 年 4 月，老師的第二本書《第一與唯一》幫助我把自己的信仰歷程、工作經歷和呼召做一個很好的整理，使我確信自己走在上帝給我的使命上。我深信這本書對每一位基督徒都會有幫助，藉由這本書可以梳理自己的工作、信仰和生命，找到自己的唯一並且信靠神，透過生命扭轉力不斷地超越自己，走一條上行之路，活出命定。

老師 2019 年出版的《雙職事奉》整合了上述兩本書的精髓，把十六位大家耳熟能詳的《聖經》人物的故事，標示出他們面對的關鍵時刻和如何運用五力來扭轉困境和危機，以及如何在定義時刻中，因著明白自己的職份和使命，勇敢站立、挺身而出，進而扭轉劣勢，成就上帝所託付的使命，全書著實精彩、章章引人入勝。

單職 vs 帶職 vs 雙職

時間快速倒轉，有好幾百年的時間，教會看重單職事奉，普遍認為教會或機構裡全時間的服事的牧者傳道們的服事是聖的，工作是俗的；信仰是定點定時的；工作歸工作；信仰是在四面牆的建築物下神聖的宗教活動等等，單職事奉可以說是聖俗二元論下自然的產物。

自己遇見神之後，很認真地尋求上帝的帶領，結果上帝呼召我做職場宣教，在職場上傳福音，為主做見證發揮影響力，領受這個呼召讓我整個人都活過來了。很快地，我就面對一個問題：要全職還是帶職？當時我的認知是帶職事奉是那些很有恩賜、愛主愛教會又熱心事奉的少數基督徒，帶職事奉就是蠟燭兩頭燒的代名詞（It's not part time or full time, it's Overtime!），以至於只有少數的基督徒可以長時間的以帶職事奉的身份忠心於國度呼召。孔毅老師宣揚的雙職事奉為我們這些重生得救、領受大使命的基督徒打開了一個可以回應和參與普世宣教呼召的一個寬大的門。基督信仰不再是定點定時的宗教活動，而是隨時隨地的信仰運動；宗教是在於「形」，而信仰是在於「心」；要做一個敬虔的人而非只專注做敬虔的事。

大使命與雙職事奉

現在，我對職場宣教有嶄新的看見：職場宣教不是策略或是方法的層次，也不是在全職和帶職之間選擇的問題；職場宣教其實是雙職事奉、生命的實踐，是我們在生活各個層面都真實的活在神面前，也真實的活在人面前。

所以，我們要明白雙職事奉是神給每一個人的呼召，在世

上要以雙職事奉的身份參與大使命。所有職場上的弟兄姊妹應如此，更鼓勵年輕的職場人要在職場中有所作為，來影響群體與社會。神要我們在世上工作的職位上活出信仰，在永恆國度中的職份（命定）上發揮影響力、榮神益人，為主預備道路。

為主預備道路

我的呼召是職場宣教，把工作做好就是在做職場宣教；與同事建立美好關係，以專業服務客戶也是職場宣教；把家庭婚姻經營好，建立家庭祭壇也是在宣教；開設成人主日學職場課程、牧養小組、幫助年輕人把工作做好也是在做職場宣教。總之，就是活出基督信仰，以專業榮神益人。

未來，即便離開職場，我仍會繼續參與和推動職場宣教，繼續裝備和支持帶著使命的專業工作者，以雙職事奉進入一帶一路以及 10/40 之窗的國家，把福音傳回耶路撒冷。時間場域儘管不同，生命的軸線沒有改變。神必賜下團隊和好機會，也賜下恩典和出人意外的平安，因為「祂的旨意不被攔阻，必要成就。」（伯 42:2）

願上帝祝福祂的教會，願新竹靈糧堂的未來 30 年裝備許許多多的弟兄姊妹成為雙職事奉者，從新竹到台灣各城市，從台灣這個東方的海島經大陸內地到中亞，從一帶一路到耶路撒冷成為差遣萬民參與大使命的使徒性教會，阿們！

周祥明
晶豪科技有限公司產品部處長

2014 年，我在偶然的機會得知孔毅先生來台灣的一個演講。我早已久仰孔毅先生的大名，於是趕快報名去聽，坐在最前面。一整天課程結束，方知什麼叫做相見恨晚，深感遺憾錯過早年的機緣。課後我前去向孔先生介紹我自己，回家後寫了一封電子郵件給孔毅先生，謝謝他的寶貴人生經驗分享。孔先生回了我，上寫到 "We missed each other 20 years ago."（我們 20 年前錯過彼此）

"We"（我們）？"each other"（彼此）？這是我第一次親身體會到孔先生對後輩深切而真誠的負擔。我想任何一個人都不會放棄這一次的機會。感謝上帝，我終於有機會成為孔老師的學生。

關於老師的人品及見識大家都已經很熟悉，我就不再多著墨。在此我盼望利用這機會分享一下與老師相處及學習的點點滴滴。

我第一次和孔老師一對一的時候，和老師分享了 "I have a dream."（我有一個夢想）。 對於這個一般人不會認同，甚至會嘲笑的題目我想聽聽老師會如何勸阻我。沒有想到老師耐心聽完之後回應我說，有願意做的心，神必定協助。但老師也提醒我在執行過程中可能會遇見的許多實際困難，也鼓勵我抱持開放的心胸，順著神的帶領做必要的調整。這一次談話讓我看到老師寬廣及務實的層面。

每次我和老師的一對一我們都會很準時，不超過原先預定

時間，我也會事先準備好題目及內容在 PPT 上。在一次的會談中，我們預定的時間已經到了，我正準備結束。但老師看到我還有最後一頁的標題是「認罪」，老師便鼓勵我繼續說下去。在老師鼓勵下我分享完了這一頁，老師除了給我一些勸勉以外，還給了我很實際的責備，指出我所犯的錯，是我以前不知道的，並教導我應該如何行。這一次的唔談讓我豁然開朗，從困擾許久的迷霧中走出來。

老師教導我們的原則是對事嚴格、對人溫和。有一次我處理一件事情很不妥當，老師責備我的處理方式。事後我作了多種調整並且回報給老師，老師回應我說「做的很好」，還有兩個比讚的大拇指。從這件事，也再一次讓我看到老師是行出他教導我們的。

我很喜歡電影心靈捕手（Good Will Hunting）故事中那位年輕人和他的心靈導師的關係以及對話，在多次的鼓勵、教導、啟發以及衝撞之後，年輕人終於明白自己的價值，勇於走當走的路，實現自己的天賦。

人的一生，遇見經師不易，人師更是難尋。我是一個平凡並有許多不足的人，感謝孔老師，我的人生導師及心靈捕手一路的帶領和啟發，使我能明白上蒼造我的獨特及唯一，如影片中的年輕人一般，勇於奔赴自己的命定及使命，做個忠心又良善的僕人。

林明機
帆宣系統科技股份有限公司資深區域業務經理

　　孔老師要寫第四本書了，我的內心有滿滿的期待。我也十分好奇，書中內容究竟會是什麼？對我而言，孔毅老師對我的思想體系架構，再次激起一陣陣的漣漪。2015 年藉著陳志敏先生、黎源悅女士認識孔毅先生，在這五年期間，我與孔老師有三次一對一的輔導問題回答。對我而言孔老師是值得尊敬的導師，他說話不疾不徐，態度溫和有禮，為人不卑不亢，我覺得他沒有一絲一毫驕傲與傲慢的氣焰。但是對於團隊該注重的地方，所該有的紀律，他一點也不放過。他是真正完全做到「對人溫和對事嚴厲」。這個部分，對我挺難。我往往對人溫和對事也溫和，或者對人嚴厲對事也嚴厲，難以做到取乎於中，並存乎於心。

　　古人云：立德、立功、立言。孔毅老師在立功方面，他的專業、商業成就是有目共睹。在立德方面，當你與其交往、溝通、談論，你可以體會二、三。在立言方面，有人說要著作等身，但我覺得其實重點不是多少本書，而是書、視頻的內容是否觸動內心、是否言之有物，是否嘉惠後代。我每每聽、讀、思考、摘要，孔毅老師視頻及三本書時，我的頭腦思路都再次被觸發，對於我的工作、眼光、心態、行動，都發生徹頭至尾的翻轉改變。

　　我本身是非常愛問問題的學生。即使沒有問題，我也會想出問題來詢問，其目的有時為了要有良好的互動。但孔毅老師在每次的直播課與 Zoom 課程，總是盡心提綱挈領的回覆，我

及每人心中的疑惑。於是乎，我對於良心與道德律，文明社會及國家強盛關係，並且該如何面對自然、萬物有了更廣闊的看見與啟發。另外對於年輕世代、對於機器人競爭，明白知道如何與之對話的能力。此外對於產品、對於自己、對於商業模式的典範轉移，也有了更深的體會與認識。

　　舉個例子來說，我以前覺得自己的脾氣好，其實自己的脾氣像夏日的雷陣雨。與孔老師學習後，近來面對事情，逐漸會用心靈陽台，用理智過完一遍，才對別人所給的刺激給予合適的情緒回饋。對於工作的挑戰與問題，現在會用獨立思考，幫自己算也幫別人算，在利害中予以調和，產生共贏方案，然後以此方案用邏輯力去溝通說服相關部門與人員。

　　實在來說，孔毅老師的書與視頻對職場工作者、對我們人生有極大的幫助，我每每聽了一遍又一遍，其內容對於我立身處世，特別是工作上的卓越表現，產生關鍵性的影響。所以我極力推薦孔毅老師第四本書，這本書必定也是孔毅老師又一佳作，我想應是老師 COVID-19 期間，每日早晨靜思、學習、觀察時事、與人互動交談體會而來。我相信這本書必能幫助你，當你讀、思考、操練後，必定可對你工作產生良好助益，並使你生活、生命邁向更成熟、完全的地步。

Elaine Kung
AT&T Dir（retired）Called To Work Founder/Co-Chair

　　孔毅老師一直是我的心靈導師，也是我在雙職事奉上的好

榜樣。孔老師在他的前三本著作裡，呈現給讀者珍貴的訊息：
如何在信仰和工作上，活出豐盛、智慧、且符合《聖經》教導
的人生。

我在 1996 年創辦「職場使命」（Called To Work），至今已
超過 25 年。在 2015 年遇見了孔老師，他是神回應我禱告的驚
喜。我們有好多相似之處，譬如說：我們都姓孔，我們都致力
於半導體領域，在紐澤西同一教會待過，獻身雙職事奉，都是
「基督使者協會」（Ambassadors for Christ）董事會的一員，我
現在也是孔老師北美導師班的班長。

研讀孔老師的《贏在扭轉力》，我學會如何「獨立思考」，
進而在「職場使命」的工作坊裡，傳授給來自全球各地上千位
的註冊學員。我的人生也見證了孔老師在書中揭櫫的道理：雖
輸在起點，但是可以贏在拐點；神在我生命中的每個轉捩點，
彰顯了祂的大能，為我建造在基督裡得勝的人生。

在《第一與唯一》這本書中，我學會如何教導我的學員
們，不但能找出讓他們致勝的熱情，更重要的是，在信仰中找
到成為唯一的渴望、生命目標和有意義的人生。在每個月二十
多次的一對一督導中，我不斷見證了這些學員因為「先找到唯
一，再做到第一」之後的轉化。

在《雙職事奉》這本書中，我則是學會《聖經》裡的 16
位人物展現的智慧與能力，以及神呼召他們雙職事奉的人生。
在孔老師描述的這些案例中，清楚看到《聖經》教導的雙職事
奉人生，至今依然可行。這些原則，我應用在培育 30 位「職
場使命」的導師，再由他們去教導他們的學生，至今已有四代
的傳承；就如同孔老師傳承給我一般。我們實踐了〈提摩太後

書〉2 章 2 節所說得：「你在許多見證人面前聽見我所教訓的，也要交托那忠心能教導別人的人。」

當孔老師告訴我他即將要出版第四本書時，我迫不及待地想要學習孔老師既不落入俗套又依循《聖經》教導的邏輯理論和創新思維，就如同前三本書所表現的智慧。這本書能進一步裝備想要活出 3C 的使徒們，在呼召（calling）、職涯（career）、社群之間（community），達到雙職事奉和僕人領導的目標，一如「職場使命」所期許的。

這是每一位想在日常生活中活出基督信仰的讀者，必讀的一本書；同時，藉著這本書讀者們也可以意識到，在神精心安排的定義時刻和轉捩點時，主與我們同工的美好體驗。

William Sun
Houston Fort Bend Church Elder

三年前開始每天早晨的戶外健身運動，徒步快走或是騎自行車。持續至今，鮮有間斷。在一小時左右的體力鍛練中，心中可以規畫當天的計畫或是回想最近所學的一些功課；孔毅老師所寫的前三本書時常浮現腦海。

起床時常有掙扎是否今天要外出運動，特別是天冷時節，離開溫暖被窩不容易。需要一些「魄力」，突破攔阻勇往直前。

在運動的時間裡，常常遇見一些運動同好者。大家彼此含笑問安，甚至日後成為朋友，這是促進人緣的「魅力」。

雨過天晴正是徒步或騎自行車的好時機，然而要憑經驗預

知那些路段會積水難行，因而更改路徑。這是「眼力」的操練。

萬事起頭難，但開始一項行動之後，不是五分鐘熱度，而是持之以恆，努力不懈，才可能有優質效果出現，這就是「動力」。

每當路過社區街道，發現一些公共設施的小問題，如公共水管破裂，公園垃圾筒損壞等等，本不想多管閒事，但常常因內心的「德力」驅使，記下地點通知有關單位。

以上提到的扭轉五力是孔老師精心體會出的人生關鍵時刻扭轉乾坤的五招絕活，付諸實踐，受益匪淺。

社區附近有羊腸小徑，河邊步道，也有林蔭大道，選擇自己喜歡的路線，盡情遨遊在晨曦與微風中，放膽追尋自己人生中的唯一最愛，並且努力登頂，攀向第一。孔老師在書中會有很好的提醒。

騎自行車保持平衡是非常重要的，我們要記得在教會事奉和職場工作保持平衡，不能顧此失彼，而能夠在教會與職場中，用對的方式把工作做好，在意見對立時如何平衡雙方情緒與立場，合作而不妥協，達成共識。在教會和職場都可以榮神益人，德行天下。孔老師在這些方面也有完善的論述。

踏上人生的自行車，迎面而來必有挑戰。孔老師著作展卷有益，切實可行不容錯過。

Katy Lee
Foerver Living Products Diamond Manager

　　初信主，我回應神的呼召，我要跟隨主，去傳福音，帶著初嘗主恩的熱誠，期待將信仰融入職場，讓信仰生活化、生命化，福音生活化，生活福音化。可是當我完成了職場上公司所策畫市場計畫的最高目標，我頓然失去了目標。直到去年因疫情的關係，我有機會接觸到孔毅老師所教的第一與唯一的課程，課堂聽到二分論，信徒在教會的牆頭裡過著所謂「屬靈」的生活，教會牆外頭過著所謂「屬世」的生活。如果一旦不服事，彼此就疏於牆內的服事，關係就很少有來往。造成基督徒過雙重人格的生活。福音只有在教會的牆裡傳，頂多差派或財務支持，一般會眾還是留在牆內舒適區不食人間煙火。和我所知的現況非常吻合，過去我覺的是我的屬靈生命出了問題，結果原來不是我的問題。

　　孔老師鼓勵信徒要麼是宣教士，要麼是做宣教的事，分析單職事奉與雙職的異同與互補，過去傳統宣教是以信仰的角度切入，大多差派牧者、宣教士、傳道人委身於教會、牧區，是單職事奉的宣教，專注於牆內。而職場宣教是從工作及信仰的角度同時切入，差派帶有使命的專業人士、企業家、商人、職場牧者，委身國度，宣教工場是一種雙職事奉（Bi-Vocational）專注牆外，同時也很精闢地說出未來神國導向的宣教是雙職宣教。因為目前普世教會宣教已經面臨了三大瓶頸：(1) 如何關懷、幫助以及影響社會？(2) 如何向年輕世代傳福音？(3) 如何有效的向「未得之民」傳福音？若想要有效地解決這些難

題，便需要雙職宣教來彌補傳統宣教的不足，特別在《雙職事奉》一書中的《聖經》人物，不也都是雙職事奉嗎？這16位都是扭轉歷史的《聖經》人物。雖然出生時都輸在起點，但在關鍵時刻卻都信靠神而贏在拐點，而且都成了聖經歷史上的偉人。

耶穌和保羅的職場事工榜樣：在工作和生活中宣教，在新約中出現132次公開露面，122是在職場上出現，耶穌說的52個寓言：45個寓言有職場的景況，〈使徒行傳〉中的40個奇跡，有39個奇跡發生在職場上，《聖經》上的記載及老師的教導句句珠璣，不斷地進入我愛主、愛傳福音的心，因我得救的生命是白白得來的恩典，而且我是第一代的基督徒，更要回應神的呼召，學習贏在扭轉力窺見到職場新視野，改變新觀點。在人生中，有時會有挑戰有時也會遇到低谷或困境，如何反敗為勝，怎樣扭轉頹勢，怎樣在敗中求勝；特別在新冠疫情下，面對拐點，有時單憑學歷、經歷、財力，實在難以求勝。透過孔老師的扭轉五力：眼力、魅力、動力、魄力和德力可以讓我得到很好的操練，特別在5G百倍速時代辨析決斷，可以立穩根基贏得新機。課程學習內容不僅幫助我，對其他在職場的基督徒或有心學習的人和教會的人士，都有很好的挑戰。給有心雙職事奉呼召的我，鋪墊關鍵時刻的好基礎。

因有聖靈的同在，我找到了真我，我是雙職事奉的宣教士，是職場命定，活出神國的使命，我不再迷茫不再空虛。我要活出精彩有意義的人生下半場。老師新書上市在即，必會以書影響生命帶領更多人信主或更多的雙職宣教士。

Lin Xie
NuSkin Inc. 4 Star Team Elite Platinum

　　認識孔老師正是我人生最迷茫的時候。因為一直受贏在起點觀念的影響，知道自己是個輸在起跑線上的人！雖然在中國讀過大學，但是來到北美，這個連博士都滿街跑的地方實在讓我抬不起頭！後來經過個人創業，事業有成，但是由於受聖俗二分論的教導，長期以來一直覺得自己在教會是三等公民，經常在努力工作的時候充滿了負罪感！去教會成了例行公事，標準的定時定點的星期天基督徒！

　　學習了孔老師的《贏在扭轉力》、《第一與唯一》、《雙職事奉》我豁然開朗，原來我們是要學習用聖的觀點和方法，把俗的事情做對做好。學會處於而不屬於世界的神國生活方式。事情本身並沒有聖俗之分，關鍵是我們的心在哪裡！成為一個敬虔的人遠遠比作一大堆敬虔的事重要。

　　主耶穌不再只停留在教會，而是被帶回到我工作生活中的每時每刻，讓每一天都可以變得非常有意義，正像老師經常教導我們說的，我們要麼做宣教士，要麼就做與宣教有關的事。

　　現在終於可以努力工作不再有負罪感，並且運用扭轉五力化解職場危機。並在不斷尋找自己的唯一的過程中，慢慢找到真我，從此走向意義人生。

　　我有兩個青少年的孩子，學了新東西忍不住與她們分享，才發現在她們的生活當中，完全沒有五力的概念，更不要談到變商！想到未來的社會已經進入了 10 倍數的時代和全球扁平化的招工；競爭越來越大，心中難免對孩子有些擔憂！得知

老師的下一本書，是希望給年輕人的，真是歡呼雀躍，孩子們終於有希望了！學習的目的不再是僅僅為了掌握知識，更重要的是學會解決問題的能力，老師的書非常接地氣，把《聖經》活學活用，有很多案例分享，每一句話都是智慧的結晶，對我們的生活有直接的指導意義。謝謝老師，願意把他一生的寶藏傳遞給我們，我真誠地鼓勵每個家長，為了自己的孩子，持續學習，跟上時代，成為孩子一生的榜樣和朋友。

Paula Liu
Infonology Hi-Tech Co-Founder

　　五、六年前，當我第一次接觸孔毅老師和他的課程，就被深深地吸引，幾年下來，從初學到導師班學員，到獨立帶領讀書會，到現在又帶領女兒一起加入「贏在扭轉力」青少年課程的開發，生命大大翻轉，火熱地服事，每天都有生命被翻轉和提升的好消息，不僅幫助行在死蔭幽谷軟弱的肢體，自己愛神愛人的心與日俱增，活在平安和喜樂及巨大的愛的熱忱中。

　　特別提出的是《贏在扭轉力》，孔老師頂著上下壓力，領導摩托羅把手機中文化，極大激勵我去發揮神給我的代禱恩賜和國度使命，給了極大的動力和勇氣，勇於去為絕望的肢體禱告。之前我雖然知道神給我禱告的恩賜，尤其是內在醫治，但因為在禱告的過程中，常常需要承擔被禱告者的痛苦，會收到很多啟示，知曉背後的隱情和原因，但常常感到頭痛或心痛，還可能被誤解為靈恩派，就不願意去付代價。因為覺得不被理

解和肯定，上下不討好，但孔老師做手機中文化也是從上下不支持開始的，但結果全世界的華人受益，也給摩托羅拉帶來巨大經濟收入，我也要為了神敢於做對的事情，不浪費神給的恩賜。

除了勇氣的加增，我也帶領一組姐妹們每天在 Zoom 上操練靜力及讀經禱告，大大提升了愛的熱情，願意付代價的動力就來了，隨著焦慮被醫治，抑鬱變喜樂的見證不停地加增，又反過來激勵我去更深度地去自潔，更投入地服事。

另外在與孔老師一對一地互動中，他的為父的心也大大溫暖鼓勵了我，他的生命直接活出他的教導，成為知行合一的榜樣。

作為跟隨孔老師多年的導師班學員，鼎力推薦他的書，教導和課程、讓我們同蒙造就，共赴美好使命。

YenRu Pan
Gilead Science Inc Senior Scientist

上一代打造宛如橫空出世的高科技，慢慢成熟為這一代隨處可見的勞力密集產業，進而衍生下一代的內捲現象：不論我們付出多大心血，都無法獲取上一代憑藉勤勞而可得的基本需求（例如住房），這樣現實的挫折加上又渴求人生意義的無力感，勾勒渲染出一波一波爆肝、酸民或躺平的世代情況。

我在這焦慮無措的十字路口認識孔老師，更準確的說，是拜讀老師的書，和書中的老師進行的一連串的對話和問答。從

《贏在扭轉力》這本書中，我意識到阻撓我職涯晉升的，不是職場對種族的偏見，而是自我的盲點和負面的情緒，導致我以為加班加點就可以解決難題，或是沒有獲得認可就發酵出酸葡萄心理。然而真正的解決之道，就是從心出發，專注正確人格的建立，保守我們的心懷意念勝過一切。在不正確的人格中，對別人、和神、和群體有不合理的要求，結果期待落空而進入惡性循環。唯有形塑正確人格，才能夠和自己、和別人、和神、和群體，建立起正面互相影響的關係。

　　一個正確的心（德力）驅動出其他四力：獨立思考的判斷力（眼力）、做對的事並且堅持到底（動力）、在困境中激勵自己也激勵他人（魅力）、有勇氣跨出關鍵的那一步（魄力），找到並專注於那關鍵的 20%，進而發揮 80% 的功效。一旦遇上彎道，何時踩煞車？何時踩油門？何時兩者交替互換？整個過程當中，精準掌控方向以及自如收放力道，如此才能跳脫內捲的套路，衝破困境的束縛。

　　爾後我在神學院修老師的課，在老師的教導以及與北美導師班成員一同學習中，我有幸汲取許多動人的見證分享：如何靈活運用扭轉五力，在彎道上選擇唯一，在直道上做到第一的「第一與唯一」歷程，或在家庭中、或在職／禾場裡，不斷前行的命定當中，連結於那創造宇宙萬物的神，在平靜安穩中重新得力，堅定持續地一步一步完成神賦予我們每一個人獨特的使命。

　　這個「雙職事奉」的架構，可以在老師和導師班成員的個人經歷中看到，亦見於《聖經》人物的故事裡。老師的著作和課程，帶領我們俯看整本《聖經》，看見神大能的手如何帶領每一

位人物寫出精彩的歷史篇章;也帶領我們貼近每一位人物的脈搏思路,詳細剖析成敗關鍵,幫助我們反思自己的命定與使命!

這些人物不再是塵封已久的歷史故事,而是永活真神和我的對話,有借鏡、有學習,激勵自己運用《聖經》原則,為主所用,經歷在曠野開道路,在沙漠開江河的神;和神、和同工眾肢體一起寫出全新的篇章,活出獨特的使命!這個使命,沒有在網路聲量中勢要捲起千層浪的焦慮;無關乎在職場中不斷爬升的較勁;也非糾結世代之間物質層面供需差異的不平。是在資訊爆炸的時代以靜制動,尋找真我的旅程;是不論環境的主流思想為何,都能靈巧像蛇,謀定而後動,更要純良如鴿,不忘初心的原則;是在這青黃交接之際挑起傳承的責任,學習老師及與導師班成員潤物無聲的風範,傳遞給新的一代的正面力量。

特此誠摯地邀請您,當他人在網路沉浮,或當酸民或者躺平之際,願您能夠透過這本書開啟和老師的對話,進而展開與神同行的奇妙之旅!

Chelsea Shi
Align Partners Inc. Founding Partner

2020 年底,正值新冠疫情的至暗時刻。美國死亡人數節節攀升,今天還在 Zoom 上談笑風生的友人,期待居家隔離後相聚,明天就天人永隔。這是一個陰冷的耶誕節,我從繁忙的工作中游離,對生命、永恆、意義、信仰,和人為什麼來到世

上開始探究更多。

　　孔毅老師《贏在扭轉力》的書就擺在我的辦公桌上。從無意中翻開目錄，就沒有停下，兩天讀完了整本書。是的，兩天！非常好讀的一本書，一天就可以讀完，但很多內容實在經典，忍不住反覆讀。這些文字仿彿一束光，帶著喚醒人心的力量，照進漫漫疫情之夜，照進人性至暗時刻。依循這光，我又相繼閱讀了老師的《第一與唯一》、《雙職事奉》和參加了相應的課程。

　　關於苦難，關於定義時刻，關於永恆，關於我們的人生目的，很多在忙、茫、盲中找不到的答案，從字裡行間慢慢浮現。回想自己前半生，所謂接受中美兩國高等教育，輾轉建築設計、地產私募、投資銀行，那些風頭浪尖卻內心掙扎的日子，真可謂十年曇花一現，一夕連結永恆。疫情中的耶誕節閱讀老師的書成了我人生中美好的祝福。

　　親愛的朋友，不管你是否聽到心靈深處神對你的呼喚，甚至不管你是否相信上帝和永恆的存在，此刻擺在你面前的這本書都可能會幫你打開一扇門，通往思維與信仰的另一個緯度，超越時間與空間。如果你今天還年輕，生活事業的小目標好似咫尺之遙的胡蘿蔔，永遠在眼前晃動，你是否問過自己是不是在用一個暫時的方法去解決一個永恆的問題呢？如果你已經開始感覺到身體精力的日漸老化，生活不堪重負，你是否想過如何過上思想靈魂一天新似一天的生活呢？細細品讀，你也許會在這本書中找到屬於你自己的答案，而非人生標準答案。

　　孔毅老師的書對於我最震撼之處就是並非紙上談兵，大量實戰案例讓人深受啟發。無論是職場新鮮人、企業高管、創業

者，還是教練導師，都可以從老師豐富的人生經歷中，學習到寶貴的第一手經驗。難能可貴的是這不僅是一位前輩的指點，更帶著從神而來的智慧。也許像我一樣，打開這本書將成為你人生中美好的祝福。

附錄

打通工作與生命
任督二脈的操練工具

若想操練附錄中的五個工具，
請掃QR code即可下載。

1. 轉換思考練習

贏在起點：慣性思考	贏在拐點：超理性信念
憑眼見、靠理性 What → How → Why →	進內心、見異象 Why → How → What →
現實面：發生什麼（what happened）？	生命面：為何而活（why do I exist）？
精神面：如何回應（how to respond）？	精神面：如何突破（how to breakthrough）？
生命面：為何而戰（why do I fight）？	現實面：結果如何（what is the result）？
結果：	結果：

2. 培養獨立思考的操練原則

第一步 力求甚解	——問到懂 ——資訊收集 ——左腦了解別人的信息 （操練直覺性）
第二步 嚴謹思考	——寫到全 ——資訊編輯 ——左腦轉化成自己的知識 （操練直覺性）
1. 2. 3. ． ． ． ． ． N.	
第三步 寫下結論	——右腦宏觀思維、大膽假設、換位思考（操練關 　聯性） ——破除盲點：左右腦互動（操練旁通性） ——要畫圖表：左右腦互動，小心求證（操練整體性、 　預見性）
1. 2. 3.	

3. 靜的力量

聖靈責備：「我們若認自己的
罪……洗淨我們一切的不義。」
（約壹 1:9）

解決難題：「你或向左，或向右，
你必聽見後邊有聲音說，這是正
路，要行在其間。」（賽 30:21-1）

理清思路：「你求告我，我就應允
你，並將你所不知道，又大又難
的事，指示你。」（耶 33:3）

議題

對 策	目 標

4. 雙職事奉人生規畫——職場扭轉、生命扭轉

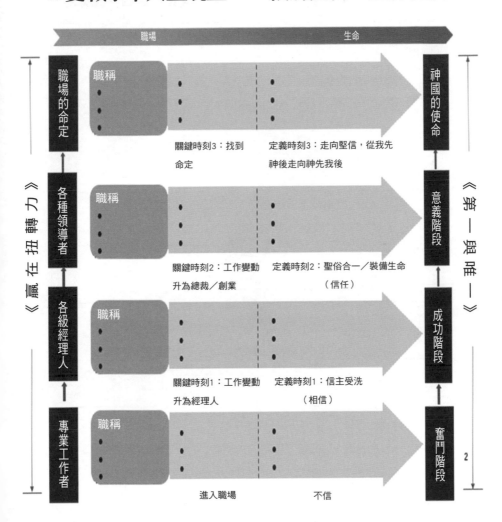

5. 雙職事奉探索之路——我的轉變／改變

過去的觀念   新的作法

- _____   - _____
  _____   _____

- _____   - _____
  _____   _____

- _____   - _____
  _____   _____

- _____   - _____
  _____   _____

- _____   - _____
  _____   _____

- _____   - _____
  _____   _____

國家圖書館出版品預行編目資料

看不見的更關鍵：如何打通工作與生命的任督二脈/孔毅著. -- 初版. --
臺北市：啟示出版：英屬蓋曼群島商家庭傳媒股份有限公司城邦分
公司發行, 2022.03
面；　公分. -- (Talent系列 ; 52)

ISBN 978-626-95790-4-4 (平裝)

1.CST: 自我實現　2.CST: 生活指導　3.CST: 職場成功法

177.2　　　　　　　　　　　　　　　　111002541

啟示出版線上回函卡

Talent系列 ; 52

看不見的更關鍵：如何打通工作與生命的任督二脈

作　　　者／孔　毅
企畫選書人／彭之琬
責 任 編 輯／彭之琬

版　　　權／黃淑敏、江欣瑜
行　　　銷／周佑潔、周佳葳
業　　　務／黃崇華、賴正祐
總 經 理／彭之琬
事業群總經理／黃淑貞
發 行 人／何飛鵬
法 律 顧 問／元禾法律事務所 王子文律師
出　　　版／啟示出版
　　　　　　臺北市104民生東路二段141號9樓
　　　　　　電話：(02) 25007008　傳真：(02)25007759
　　　　　　E-mail:bwp.service@cite.com.tw
發　　　行／英屬蓋曼群島商家庭傳媒股份有限公司城邦分公司
　　　　　　台北市中山區民生東路二段141號2樓
　　　　　　書虫客服務專線：02-25007718；25007719
　　　　　　服務時間：週一至週五上午09:30-12:00；下午13:30-17:00
　　　　　　24小時傳真專線：02-25001990；25001991
　　　　　　劃撥帳號：19863813；戶名：書虫股份有限公司
　　　　　　讀者服務信箱：service@readingclub.com.tw
　　　　　　城邦讀書花園：www.cite.com.tw
香港發行所／城邦（香港）出版集團
　　　　　　香港灣仔駱克道193號東超商業中心1F E-mail: hkcite@biznetvigator.com
　　　　　　電話：(852) 25086231　傳真：(852) 25789337
馬新發行所／城邦（馬新）出版集團【Cite (M) Sdn Bhd】
　　　　　　41, Jalan Radin Anum, Bandar Baru Sri Petaling, 57000 Kuala Lumpur, Malaysia.
　　　　　　電話：(603) 90578822　傳真：(603) 90576622
　　　　　　Email: cite@cite.com.my

封 面 設 計／李東記
排　　　版／邵麗如
印　　　刷／韋懋實業有限公司

■ 2022 年 03 月 17 日初版　　　　　　　　　　　Printed in Taiwan

定價 430 元

城邦讀書花園
www.cite.com.tw